BICYCLETTRES

JEAN-ACIER DANÈS

BICYCLETTRES

ÉDITIONS DU SEUIL
25, bd Romain-Rolland, Paris XIVe

ISBN 978-2-02-137913-6

www.seuil.com

Souvent [...] j'ai accompli de délicieux voyages, embarqué sur un mot dans les abîmes du passé, comme l'insecte qui posé sur quelque brin d'herbe flotte au gré d'un fleuve.

Honoré de Balzac, *Louis Lambert*

Pour célébrer mes dix-huit ans et l'été qu'ils annonçaient, j'ai conduit ma bicyclette vers des lectures que j'affectionne – ou leurs auteurs, pour l'humanité indélébile dont ils ont fait preuve. Cela m'est apparu simplement comme un bon socle pour entrer dans l'âge adulte. Durant deux ans, au cours d'une série d'aventures à travers le pays, pédaler a signifié rendre visite à mes écrivains, à mes œuvres préférées, à un pays qui depuis mon enfance m'attirait. Sur des impulsions parfois sporadiques, à la grâce de voyages pleins d'aléas et de rencontres, j'ai voulu écrire ces pages comme un carnet de voyage, riche d'un désir que la littérature avait fait naître. Voici onze chapitres, autant que de vitesses sur Causette, le surnom donné à ma bicyclette, qui racontent ces périples et leurs nombreux apprentissages.

I

La salle d'eau

À Sète (Hérault), depuis Lyon.
Mai 2015.

Hier soir, sur la tombe de Paul Valéry à Sète, je me suis souvenu des matins où je quittais la maison à bicyclette pour observer la mer. J'étais enfant, ma bécane était rouillée et elle craquait. C'était un bon vélo, que je retrouvais avec bonheur à chaque vacances. Dix années plus tard dans l'Hérault, seule la baie me paraît avoir changé. Comme dans mon enfance, il n'a été question que d'un geste simple : enfourcher le vélo et aller, pour regarder la mer. Comme si la légèreté de parvenir à la lisière de l'eau salée dégrippait mes rouages.

À la rencontre de la région je ressens à nouveau cette allégresse enfantine propre au pédalage. Les cheveux au vent précèdent le corps élancé. Supporté par la machine, le corps se libère de son poids et l'esprit accueille la flânerie. Elle s'installe et remplace progressivement la recherche d'une performance. Une sorte de bain de l'errance dans lequel l'entrée se fait plus ou moins confortablement (un peu comme dans une baignoire que l'on apprivoise), et où seuls résident les sensations d'un spectacle continuel.

Il faut dire que dans l'enceinte du cimetière marin on se sent lové comme dans sa propre salle d'eau. Il est même difficile de s'en extirper. La pierre est chaude, les bruits sont adoucis, la palette de bleu est colorée. Après la route à bicyclette, soit une lecture de plusieurs centaines de kilomètres d'un front de mer à un autre, je découvre à l'abri tout un monde dans le vent des peuples : la Méditerranée. Dans cette mer, il y a une fosse. Les spectateurs qui y dorment sont Jean Vilar, que j'ai déjà un peu salué sur la route d'Avignon, Brassens, qui m'accompagne de temps à autre dans mes cacophonies, et quelques anonymes.

Je me suis rendu sur ces tombes plus particulièrement pour Paul Valéry. D'autres sont enterrés ici, mais c'est lui, l'homme de lettres qu'il a été, qui nomme le lieu « cimetière marin » ; sorte d'abysse où s'allongent les habitants du grand bleu pour expirer parmi les dieux. Dans ce poème, il écrit quelque part : « La mer, la mer, toujours recommencée. » Ce vers m'a happé, tel le garant d'un rythme onduleux.

« La mer, la mer… »

Déjà le fracas contre les rochers…

« … toujours recommencée. »

Il faut fermer les yeux, se le répéter :

« La mer, la mer, toujours recommencée. »

La série dure environ neuf, peut-être dix secondes. C'est une houle de temps clair que nous ne connaissons que très rarement dans le Nord, d'où je suis originaire. Sur nos plages, la mer est hachée comme un chantier d'écumes. Une nouvelle houle se referme dans un bruit d'eau précipitée.

Dix secondes entre les deux vagues.

Le poème reprend avec l'agilité d'un nageur, tandis que l'onde fond dans le sable avant la suivante.

Par ces quelques mots s'explique la position du cimetière, midi entre les hommes et les cieux.

À première vue, l'arrivée sur cette colline déconcerte. Au voyageur peu renseigné, l'évocation d'un cimetière marin laisse plutôt présager une sorte de lieu reclus au bord de l'eau, une grotte inaccessible où s'éteignent dans la discrétion les géants d'un monde abyssal.

Le lieu pourtant domine la baie ; il offre un spectacle qui ne semble connaître aucune interruption. De jour comme de nuit, l'horizon tremble, s'efface, forme à nouveau une ligne ininterrompue de ciel et d'eau. Les seuls à suspendre le spectacle sont les gens comme moi qui s'y invitent. Peut-être que lorsque je serai reparti de cette colline douce les conversations et les jeux reprendront. Les stèles continueront de se mouvoir et de se courber, loin du père Lachaise et de sa nécropole rangée. Ici, c'est le Sud, où les désordres accueillent. Pour l'enfant que je suis, le plus gros d'entre eux est l'absence de marnage. Tout semble figé. Un calme de calcaire. La mer que je connais galope pour arriver au pied des cabines, jamais immobile, et déplace avec elle des lambeaux de nuages.

« Sète », c'est un nom qui a longtemps résonné en moi comme le bout d'un monde. Un nom sous le silence des dieux, un nom évoquant des poissons frits un jour de marché comme Ponge et ses « odaurades ». « Sète », un nom répété des heures durant le pédalage, comme le secret d'une potion pour m'y téléporter plus rapidement.

Je suis arrivé à midi, pour partager le déjeuner avec un amoureux de Paul Valéry que j'avais attiré jusqu'à mon vagabondage. L'homme avait des cheveux blancs surmontant des oreilles un peu tombantes, parlait chaque fois après une respiration très profonde, comme venue d'une douleur, et m'a apporté de précieuses informations sur son poète préféré.

Lorsque j'avais échangé avec lui avant de prendre la route, il avait achevé son courrier par : « J'ai quelque chose à vous dire, sur Cette et sur Paul lui-même. Quelque chose sur la bicyclette qui vous liera encore après votre voyage. » J'étais loin alors d'apercevoir cet homme tel qu'il m'apparaît aujourd'hui, avec sa peau tirée par le soleil et sa chemise bleue flottant dans l'air. Il m'avait paru singulier qu'il écrive toujours « Cette » dans son ancienne forme, comme s'il avait passé trop d'années à fouiller les archives et qu'il s'ennoblissait de l'histoire, ses yeux toujours enfermés dans le noir et blanc du passé.

Alors que nous sortions du restaurant, il m'a raconté l'histoire de la bicyclette de « Paul », comme il l'appelait par la familiarité que lui conféraient des années de travail près de lui. Paul Valéry était un « bicycliste » de la première heure, l'un de ceux qui enfourchèrent leur vélocipède dans les années de Charles Terront et des premiers engouements pour ce sport, alors très coûteux. Paul Valéry avait vingt ans, à peu près mon âge, lorsqu'il avait découvert le plaisir du vélo. C'est en l'évoquant que j'ai appris la phrase de Mallarmé ; mon interlocuteur me l'a citée en me parlant de la joie d'« enrouler entre les jarrets, sur la chaussée, selon l'instrument en faveur, la fiction d'un éblouissant rail continu ».

Mallarmé, semble-t-il, n'aimait pas la bicyclette ; pourtant, en l'écoutant, j'ai eu l'impression de rembobiner quelques heures en arrière sur les routes qui défilent le long du Rhône. « La fiction d'un éblouissant rail continu »... Est-ce parce que l'on se sent guidé par la vitesse ?... Éblouissants souvenirs que les gorges de l'Ardèche...

Mais l'anecdote ne s'arrêtait pas là.

– Le plus croustillant, a ajouté le vieil homme avant que nous parvenions au musée, sur les hauteurs du cimetière, est qu'il se fit attraper par la police, autour de juillet 1911, dans le bois de Boulogne. Il roulait sur l'herbe avec sa bicyclette, il ne voulait plus s'arrêter. Voyez, c'est amusant : Paul Valéry – P.V. – Procès-Verbal. Une correspondance qui devait l'étonner encore au tribunal…

Un peu plus tard, mon guide sétois a ouvert une note sur son téléphone. N'ayant pas ses lunettes, il m'a fait signe de la lire.

– « Je place par-dessus tout au monde la moindre parcelle de bonne humeur… Mon vice est une sorte de sobriété. Je supporte naïvement ce qui vient. »

J'étais conquis d'une telle synthèse : cette bonne humeur résumait mon état sur la route jusqu'à rencontrer ce vieil homme.

Nous avons discuté quelques heures encore de Paul Valéry et de l'« idée sportive », comme il l'appelait, avant de finir notre journée dans le cimetière, proche du musée. Sans se restreindre à une biographie stérile, l'homme m'a enseigné beaucoup sur Valéry. Il achevait souvent ses phrases par un « je vous le dis car c'est dans son œuvre, vraiment. » Nous finissons de parler du rapport de Valéry au sport, que je ne lui connaissais pas, lorsqu'il ajoute : « Nager, ramer jusqu'à l'extase, oui. L'eau universelle environne sa lecture, sa vie, et même, voyez devant le cimetière : c'est elle qui le rend à jamais Paul Valéry. »

En boutonnant sa veste de lin, le vieil homme qui me guidait en ses terres depuis le repas m'a conseillé *Le Bilan de l'Intelligence* et un passage d'*Autres Rhumbs* sur ce sujet pour compléter mes lectures.

J'étais tout proche de la tombe. Il l'a regardée et m'a lancé :

– Je suis très content de votre visite. Quand vous serez à Paris, passez au palais de Chaillot. Vous comprendrez pourquoi je vous ai tant parlé. Il y a sur le fronton ces pensées de Paul : « Il dépend de celui qui passe / Que je sois tombe ou trésor / Que je parle ou me taise / Ceci ne tient qu'à toi / Ami n'entre pas sans désir. » Je crois que ce sont les mots justes.

– L'œuvre parle pour l'artiste, n'est-ce pas ?

– Ce qui est juste aujourd'hui, c'est que vous avez réglé vous-même la distance avec Valéry, dans les ruines dans lesquelles nous sommes ici. Paul était un poète en gants blancs, quand je l'ai travaillé, il était aussi affairé à des ruines de l'humanité. Il a évité les fanatismes pour donner à voir, il a tout mis en doute. Son œuvre parle pour lui en cela : elle est l'expérience des limites…

Il a opiné du chef en me serrant la main, puis il a disparu.

J'avais passé quelques heures en compagnie de cet érudit, heureux que ce soit une telle rencontre qui colore les lieux.

Je me retrouvais seul face à la baie, le jour tombant. Au matin la route était bleu et rose, le soir à nouveau les couleurs revenaient d'une journée blondie par le soleil. La nuit allait être fraîche et brune, avec des étoiles attachées au-dessus de la baie comme des clous.

*

Le cimetière de Sète est particulier : il semble terminer la ville, comme une étape entre la vie et le retour aux éléments. À bicyclette, c'est une joie de contempler le paysage après s'être hissé sur les pentes des derniers kilomètres. Il y avait ce soir-là l'une de ces vues qui rappellent à l'homme qu'il est dans la nature comme une jambe sur chaque plateau d'une balance Roberval. Au bout de la ligne d'horizon bien sûr, la terre recommence – mais ce n'est qu'après une interruption légère, le temps de reprendre son souffle, qui dérange pour l'heure le voyageur à bicyclette que je suis. Valéry le voyait bien : au-delà, les voyelles sont plus rudes et gutturales. De toute part, les voix deviennent chantantes. La musique change tandis que du cap Gris-Nez à Sète s'étend une vaste partition pour le pédalage. Entre ses plages, le sol français est un territoire intermédiaire où l'on visite des contraires. Persistent toujours une église, une mairie, quelques fontaines et une boulangerie. Les variations se font bien… Mais, ici, on s'arrête. Dans l'odeur des graviers poussiéreux, au-devant des voiliers dont les feux se refléteront bientôt sur l'eau, on renonce au combat dans le balancement des flots.

Dès que je quitterai l'enceinte du lieu, la vie reprendra son cours. Les mâts du port tinteront plus clairement dans l'air à mesure que je m'en approcherai, les cageots des marchands glisseront au vent sur le quai. L'heure du bain sera finie. De ce tableau de tombes projetées d'ombres, il me faudra partir. Bientôt, je devrai quitter la fabrique des kilomètres. Le soleil déjà s'éloigne de son domaine.

Rentrer.

M'immobiliser, comme un mouvement perpétuel où je redeviens chaque fois l'aventurier passif de mes lectures, avant de cavaler dans le pays pour les faire résonner.

Je remplis mes gourdes au bec d'un robinet improbable et je m'en vais.

Valéry est un hôte charmant : il m'a apporté malgré lui de l'eau pour tenir dans ce désert, des discussions, et même la colère tandis que je cherchais en vain le cimetière sous le soleil.

*

Au retour, en zigzaguant à bicyclette sur la ligne blanche tracée sur l'asphalte de la route, j'ai décidé de suivre les lignes noires des livres que j'aimais. De poursuivre ce genre d'épopée à ma mesure, comme les Mousquetaires de Dumas chevauchent à travers la France. À bicyclette et à la force des mollets, car c'est pareil d'être et d'être un lecteur.

Je me suis laissé prendre dans le roulis du territoire. Pour parvenir ou revenir à Sète, il faudra lire. Lire les œuvres, les cartes, les panneaux et les trajectoires, soit toute une géographie littéraire. En assimilant une épaisseur de signes jusqu'à en faire des symboles propres, je me suis métamorphosé en ce cycliste qui vibre sur les aspérités du bitume ou du pavé, peu à peu plus à l'aise dans les passages techniques, puis en définitive ce *rouleur* qui apprend à voir des lignes de fuite dans les sentiers cahoteux ou entre les sapins en lacet.

Hemingway disait que c'est en « pédalant » un pays que l'on apprend le mieux ses courbes. J'ai tant bien que mal essayé d'anticiper les reliefs des personnages et les hauts-lieux du paysage que je m'attendais à rencontrer. Comme tout lecteur, je me suis trompé parfois à la première lecture, j'ai souffert de mon propre poids au-dessus des abysses. J'en ressors ivre de joie, titubant hors d'un monde dans lequel j'ai erré, conduit par un filin de hasard au cœur d'une aventure dont je ne garde que des détails.

À l'échelle d'une vie, comme un marin déchiffre le vent sur les vagues, la bicyclette permet à l'aventurier d'arpenter les montagnes à la recherche de soi-même face aux difficultés. De là naissent les plus solides fraternités. Cette errance, ces lignes : en voyageant à bicyclette nous sommes désormais chez nous, presque invité dans un moment d'enfance, dans un univers que nous ne pensions pas être le nôtre. Alors, nous avançons, pédalons, cadençons, puis nous nous retournons dans la plaine pour trouver un sens à tout cela. Cette pluie de petits chocs du hasard nous conduit dans une direction imprévue. Elle « nous donne brusquement une sensation nouvelle de l'existence de notre corps en tant qu'inconnu » qui nous rend sensible à « notre domaine vivant », disait

Valéry. De cette collection d'instantanés surgit un parcours entre les louvoyages, telle l'esquisse dont on trouve en définitive la trace qui la caractérisait déjà.

Il m'a fallu alors poursuivre ces bribes d'aventure.

En changeant de braquet entre les livres et les siestes, là où la fatigue couchait mes peines et mes rires, j'ai commencé à parcourir le pays à travers la littérature. J'ai appris à aimer les errances dans une France pleine de courbes et parfois capricieuse, une France vide et coupée par l'horizon, une France qui gigote et se passionne. J'y ai usé mes gommes, pneus, crayons et rayons, dans ce vieil hexagone regorgeant de personnages qui font de tout voyageur un sourcier, guidé par les surprises. Après bien des périples, ce que je ne pouvais imaginer à mon retour de Sète s'écrit désormais sur ces pages.

II

Cartes sur table

À Annecy, depuis Lyon.
Mai-juin 2015.

Cela s'est passé environ deux semaines après la première aventure. Je me souviens du désordre de ma chambre ce soir-là : dissertation éparpillée à côté d'une chaîne de vélo usée, linge et livres aléatoirement répartis. Je venais de rentrer de la prépa, accompagné dans les rues par les bruits de téléviseurs, les disputes de la circulation et quelques rires d'un quartier qui s'installe dans l'été.

Il est important de bien comprendre qu'à cette date je n'étais pas encore parvenu au stade où il m'était parfaitement naturel de rouler trois ou quatre fois la semaine. Je pédalais plutôt, disons, inopinément, lorsque j'avais un peu trop longtemps posé les yeux sur ma bécane paresseuse. C'était alors pour moi l'occasion de rencontrer les routes et la nature, de découvrir les alentours de mon quotidien. Mais j'avais compris en me rendant à

Sète que la vie de plaine, bien qu'en apparence plus facile, ne convient pas toujours à l'exploration cycliste. Mon attirance pour les montages grandissait.

Environ deux semaines après la première aventure, donc, je suis arrivé dans ma chambre imprégné de la rumeur de la ville et chargé d'une longue liste d'impératifs.

Je pris le temps de ranger pour éviter que demain se contente d'avancer pas à pas vers midi, puis vers l'aurore suivante où je me laisserais surprendre et à nouveau emporter jusqu'à devoir sortir du lit d'un bond, tel un renard fondant sur sa proie quotidienne.

J'ai rangé, lavé, jeté et réparé. Chacun des objets éclectiques qui jonchaient le sol m'attirait à lui comme une jeune mariée envieuse de voir s'écouler les heures à vos côtés. Quand on a dix-neuf ans, tout presse. Les études, les finances, les incertitudes, les nuits, les villes.

Au bout d'une heure, les livres seuls demeuraient échoués sur le parquet. J'ai reconnu la couverture de l'un d'entre eux : *Voyages avec un âne dans les Cévennes*, par Robert Louis Stevenson. Je me suis redressé, heureux d'être en compagnie de Modestine que j'allais reconduire à son étagère. Le livre s'est ouvert au marque-page, entre deux feuillets. Sur celui de gauche : « Hélas ! tandis que nous avançons dans l'existence et sommes plus préoccupés de nos petits égoïsmes, même un jour de congé est une chose qui requiert de la peine. » Je connais bien ce passage.

En bon camarade, j'avais attendu un lundi matin de grisaille pour distribuer cette phrase à l'aveugle dans les couloirs. En ce début d'hiver, les bâtiments étaient emmitouflés dans la pluie et la nuit, qui engluaient nos journées étudiantes. Comme il était d'usage dans cette petite confrérie de l'« Open Ponge » (c'est ainsi qu'un ancien élève avait baptisé l'exercice, en référence à l'œuvre dudit Ponge), je n'avais pas inscrit le nom de l'auteur, laissant intact l'exercice d'enquête. Des khâgneux étaient passés, certains avec le papier en main et un air plus ou moins concerné.

Un élève, venant me voir, m'avait dit avec une tristesse indéfinissable :

« Je voudrais tant pouvoir faire ça. Un jour, tu sais… »

Il avait marqué une pause avant de reprendre :

« Un jour, tu sais, bourlinguer, moi aussi. »

Son regard s'était échappé entre une rangée de chaises. Il avait souri, puis ajouté :

« C'est Stevenson… l'auteur de celle-ci. »

Puis il avait disparu dans l'escalier avant que je parvienne à identifier si c'était une question ou une affirmation.

Ce soir-là encore, enfouir Stevenson au fond d'un placard était un geste regrettable pour achever la journée. Je l'ai accompli avec la même résistance qu'un voyageur qui ne veut pas défaire ses valises à son retour. Deux trois affaires de mon voyage à Sète cachaient encore le parquet, comme la chambre à air dont la rustine séchait – j'avais subi une crevaison aux portes d'Avignon. L'idée de repartir me plaisait sans que je l'admette. Chaque jour je ressentais cette irritation croissante que l'on éprouve souvent lorsque les heures se tassent et que les pulsations se calent, monotones. Elle devenait visible, signalant l'urgence du départ.

Je me suis éloigné des fenêtres à force de rêvasser, voulant rester concentré comme un homme feint de ne plus attendre un message pour en accélérer la venue. Pourtant, ce soir j'embrayais. À ne rien mettre en mouvement, on devient chétif et tuberculeux à son tour.

À l'aube, j'ai quitté l'ordonnance de mon emploi du temps pour rouler vers Annecy.

Django, ami de mes premiers voyages, m'avait appelé. Pour une fois, son travail de médecin ne l'accaparait pas tout entier : n'étant ni de garde ni d'astreinte, il était libre. Nous avions choisi Annecy, destination logique pour le grimpeur qu'il est. Ça me plaisait. Là-bas, Rousseau et Mme de Warens patientaient au bruit d'une fontaine, en amoureux indifférents au monde. Je n'avais plus le temps d'établir exactement un itinéraire, car nous cédions à l'impulsion de la route.

À quatre heures, je me suis préparé en hâte. Dans le creux de la nuit, je m'étais endormi, inconfortablement capitonné sur une lecture de Rousseau, sans avoir achevé ni mon vol d'oiseau cartographique ni mon paquetage.

*

À présent, Django et moi remontions rapidement vers l'est, couchés sur nos bicyclettes, allant droit vers le soleil grandissant. La route et l'air, tout deux imprégnés de rosée, ronronnaient avec nos roues. J'ai éteint mes phares comme on quitte à regret un manteau douillet en arrivant à une fête. Nous poussions la porte des montagnes pour entrer dans l'inconnu. Django fredonnait un air joyeux, du jazz manouche, comme ceux qu'il propulse habituellement de sa guitare.

Peu après notre départ, je ne voulais déjà plus connaître l'heure exacte – aux alentours de huit heures du matin peut-être. Nous rigolions largement dans les champs de maïs encore préservés des grandes chaleurs, aux abords de Pusignan, dans le Rhône, et après. Le début du jour avait été aussi explosif que surprenant et nous avions déjà transpercé les vallées bucoliques après Crémieu, qui semblaient douces comme des chairs.

Django est un médecin, un scientifique n'ayant d'autres lectures que celles relatives à la médecine. Ses qualités sont nombreuses et ne manquent pas de m'amuser. En plus d'être passionné de toute chose, il est par exemple particulièrement concis dans ses propos. Un jour il m'a dit : « Mon père aime lire. » Quelques jours plus tard il a ajouté au milieu d'une conversation sans aucun rapport : « Enfin, quand je dis qu'il aime lire… Lire, c'est son principal dérivatif aussi. » Puis il a repris le cours de sa vie, satisfait de cette précision. Bien que son père soit lecteur, donc, Django ne connaissait Rousseau que de réputation, souvenir de ses cours de philosophie en terminale, ce qui constitue un résidu allant du tout au rien selon l'observateur. Je l'ai introduit malhabilement, car c'est une très rude tâche de présenter le gaillard : philosophe accompli, amoureux difficile, musicien contrarié mais habile.

– Pourquoi Annecy pour Rousseau ?

Rousseau fit la connaissance de Mme de Warens là-bas. Elle avait vingt-huit ans, lui seize. Bien avant les Charmettes où ils vécurent en amants œdipiens, ils se suivirent lors de leur première rencontre entre un jardin et une église. Rétrospectivement, Rousseau jouera à décrire cet instant comme une apparition marquante dans *Les Confessions*. Il y figera la naissance d'une passion fervente et vivace : sa description d'Éléonore, c'est celle d'un corps, faite par un regard adolescent mais mûr.

Nous avons continué notre chemin à travers les premières routes de montagne comme une pensée qui s'égare dans la rêverie. De temps à autre, Django attaquait et relançait. Je l'emmenais sur le plat, locomotive dont il aurait pris l'aspiration, mais j'étais contraint de le laisser seul joueur dans les montées. J'en ai profité pour essayer de me hisser et regarder la vue sur le lac du Bourget, où Lamartine écrivit funèbrement l'un de ses plus célèbres poèmes. À Aix-les-Bains, le constat suivant : pour un cycliste préparé, ces montagnes sont un amuse-gueule.

Jean-Jacques Rousseau était un promeneur solitaire, pas un rôdeur comme Baudelaire ou un flâneur comme Apollinaire. Il se promenait pour expérimenter l'unité. Il se promenait pour ressentir cette unité avec le monde naturel. Son rapport au monde est là : il ne voulait pas être une figure inquiétante comme Baudelaire… Il communiait presque… J'admire Rousseau (ou plutôt devrais-je dire « Jean-Jacques ») parce qu'il marchait et que, marchant, il a écrit. Il a été inhumé au Panthéon et on a retenu de lui qu'il était un « homme de la nature et de la vérité ». C'était osé lorsque l'on connaît sa vie. À Annecy, il a réussi (deux cents ans après leur rencontre) à ce que l'on érige un monument là même où il avait vu pour la première fois sa maîtresse, aux Rameaux de 1728. Grand talent d'errant que ce Jean-Jacques Rousseau.

Jusqu'à Morestel, où nous avons mordu méticuleusement dans des pains aux raisins, nous roulions à la force de compotes aspirées au creux de la route. La chaleur n'en était qu'à ses débuts, jouant encore à s'échauffer, comme nos corps. Juste au-devant de nous, les premières montagnes des Alpes bombaient leurs pentes, formant des petites barrières d'enfants protégées par un mur d'aïeules au-delà. Massives, imposantes, elles nous regardaient avec fermeté, impatientes de récolter sur leurs flancs notre sueur.

– Et… pourquoi Rousseau ? m'a demandé Django alors que la pause prenait fin.

Il avait cet air amusé et circonspect à la fois, comme s'il doutait que l'on puisse trouver à Rousseau quelque intérêt.

Je n'en savais trop rien. J'avais lu de Rousseau beaucoup de philosophie, passage obligé du khâgneux, et un ou deux romans. Je savais aussi qu'il était musicien et qu'il aimait les femmes. Était-ce tout ?

Chaque fois que je me figurais Rousseau, je me souvenais de ces images des romans ou des traités qui m'avaient beaucoup poursuivies.

Je me suis entendu lui répondre :

– Regarde par exemple comme il est plaisant de quitter une grande ville. Eh bien, chaque fois que je m'extirpe d'une artère (pourtant on vit bien à Lyon), chaque fois que je quitte une ville pour le calme des campagnes, je pense au mot « urbaphobe ». C'est un concept de son invention que tu devrais aimer, toi qui rêves d'une vie de terrien. Le type avait imaginé la permaculture comme un idéal de vie, quelque part vers la fin d'*Émile ou De l'éducation*. On est au XVIIIe siècle, cent cinquante ans environ après *L'Astrée* d'Urfé, tout le monde rêve des villes qui palpitent de la révolution à venir. Lui non. Il écrit une phrase bien sentie et tout y est, au beau milieu d'un traité d'éducation qui sent la vétusté… Bon, avec ça… il était si peu féministe que ça devait l'arranger d'être au vert avec sa femme qui va au moulin, c'est sûr, ce genre de retraite ça consolide une belle harmonie… faute de choix, peut-être !

Rives du lac d'Aix-les-Bains (Savoie), autour de onze heures.

La roche ; nous nageons dans la roche. Cela n'a plus rien à voir avec la pierre douce, étagée, qu'il y a dans les environs de Sète. Ici la caillasse est bien plus brune. À gauche, à droite, partout, rien que de la pierre brûlante. Nous n'avons plus rien à boire, presque plus rien à manger. En contrebas, des lacs nous narguent. Nous pensons arriver dans une demi-heure.

*

En réalité, nous avons roulé encore jusqu'à maudire les paysages dont nous profitions avec délectation le matin même. Naïvement, nous admirions les montagnes en nous en croyant délivrés. Nous avons encore grimpé des routes bordées de granit, des talus d'asphalte, et quelques cols lourdement imposés par une déviation de montagne. Django me reprend :

– Chambéry, Chambéry… On va déjà faire Annecy avant d'aller aux Charmettes, mon gars !

La réponse m'arrange et plaît à mes mollets. Les Charmettes, je m'y suis rendu enfant au détour d'une sortie de classe de neige où il n'y avait pas de neige. Il faut voir le souvenir que j'en garde ! L'un des professeurs embarqués dans l'aventure nous avait emmenés visiter la maison où Rousseau avait vécu. Je me rappelle quelques bribes : avoir vomi dans le car qui grimpait les virages en lacet avec l'aisance d'une péniche, avoir entendu plusieurs fois « Mais voyons, je vous dis que c'est au sud de Chambéry ! », puis avoir passé le retour assis sur la place tout à l'avant du car, mon sac entre les mains et Mme Amadi à mes côtés. Elle ne riait plus, Mme Amadi, lorsqu'elle secouait son bonnet pour ventiler son visage rougi. Devant la maison des Charmettes, les jeunes avaient pouffé en apprenant que Rousseau passait ses vacances d'été là-bas, seul ou parfois avec celle qu'il appelait « Maman ».

Nous n'irons donc pas plus loin qu'Annecy pour aujourd'hui mais déjà l'ascension est d'une douleur hilarante. Nous n'avons pas trouvé d'eau en bas et nous sommes au ralenti. Django semble pédaler dans le vide, à se tortiller au-dessus de son guidon. Il est pourtant très à son aise en montagne. Quant à moi, j'ai l'impression d'être Charlot qui pousse sur un braquet trop gros pour lui en tirant la langue. Je suis déshydraté et presque immobile. Mon compère parvient bien avant moi au sommet, sans que je puisse encore à ce jour déterminer si c'est grâce à sa technique à la Ghislain Lambert ou à son physique de marathonien. Pour ma part, j'ai laissé ma dernière étincelle dans le col du Chat et ma condition physique m'attire plutôt vers le *farniente* que vers l'ascension sous cette chaleur. Un vrai cagnard nous assène ses brûlures, je n'ai rien pour me mettre à l'ombre. Mon vélo est bouillant. Calvaire.

Le pire n'est même pas la pente, le pire n'est même pas les jambes ; le pire a été le manque : manque d'eau pour se désaltérer, de virages pour récupérer, de nourriture pour se ravitailler, d'air pour blaguer. Nous sommes arrivés à Annecy avec pour ma part une ampoule équivalente à la surface du pied en contact avec ma chaussure, ainsi qu'une phrase répétée plusieurs fois et qui trotte dans la tête : « C'est beau, quand même, une fois en haut… »

Le plaisir de s'être presque « infligé » des kilomètres sans préparation se confirme sur les rives, après un bain dans le lac et un copieux repas qui à lui seul relève d'une épreuve d'endurance. Un riverain est venu interroger nos paquetages. Il nous apprend qu'il roule beaucoup, puis il se moque un peu en écoutant nos déboires. À seulement une dizaine de mètres de nous, il y a de l'eau potable à volonté dans la Chambotte. Cette information nous semble presque encombrante une fois baignés et rafraîchis dans le lac. Quelques heures auparavant pourtant, nous aurions donné dans le détour pour les obtenir.

Par la suite, nous allons observer les pervenches entourant la fameuse fontaine, dans laquelle enfin nous remplissons nos gapettes d'eau avant de les remettre sur notre tête. Nous déambulons là-bas, repensant aux mots que Rousseau écrivait sur le balustre d'or. Je les dis à Django. À cette phrase : « Quiconque aime à honorer les monuments du salut des hommes n'en devrait approcher qu'à genoux », il s'illumine.

– Il est fou, ton Jean-Jacques.

– Fou, je n'en sais trop rien. Mais peut-être que les fous ont une dette envers lui...

– Non. Il est fou, je crois bien. S'il s'imagine que j'ai encore des genoux pour ça ! Plus rien ne bouge là-dedans, mon vieux.

Nous délirons un moment en digérant. Il faut dire que le compagnonnage d'un scientifique et d'un littéraire provoque bien des décalages.

– Tu sens ?

– Quoi donc ?

– La thermogenèse digestive. On a dû toucher le point de consigne.

– D'accord, dis-je en lui montrant le lac. On y retourne ? On est un peu jeunes pour parler de thermogenèse au lieu de nous baigner.

Je dois avouer que cette fontaine m'a en réalité, lors de ce deuxième voyage, fait bien moins d'effet qu'escompté. Malgré une absence totale de maîtrise mathématique, j'en extrais les deux équations suivantes. Est noté, première équation : que le nombre de visiteurs intéressés semble être inversement proportionnel au nombre d'appareils photo dressés vers le monument. Équation seconde : que la faim la plus intense est totalement proportionnelle à la sensation de lourdeur dans les montées, et donc, à terme, à sa potentielle pérennité.

Si je suis parti relativement déçu du lieu qui a pourtant généré tant de querelles à l'époque, j'éprouve néanmoins une sorte de reconnaissance pour l'attrait qu'il a exercé sur moi depuis. Il m'a permis d'affiner un parcours et de m'introduire à une sensibilité nouvelle, une manière inconnue jusqu'alors de percevoir la distance entre deux villes. Désormais, chaque fois que l'on me dit « Je vais à Annecy » je me souviens de ce chemin à la boussole de mon bonheur avec mon ami Django, je m'imagine à nouveau longeant les arcs granitiques et baguenaudant entre les paysages lacustres.

Cette désillusion m'a appris à refuser un simple hommage décalé. Je voulais confirmer les lignes de Julien Gracq. Dans *En lisant en écrivant*, Gracq compare le lecteur à un *stayer*, c'est-à-dire un cycliste qui se laisse aspirer par un engin motorisé. Nous, lecteurs, glissons dans l'interstice qu'ouvre le texte et sommes attirés dans cette faille. Peut-être ai-je voulu la combler, en vain, pour en définitive mieux apprécier le décalage entre l'histoire, que l'on s'est racontée idéale, et la vérité de ce lieu où des touristes passent, prennent une photo, puis continuent leur vie comme des carpes qui ignorent un hameçon.

Devant le lac, en ce mois de juin turquoise, les mots suivants me sont revenus après la sieste comme d'un ailleurs : « Il me faut des torrents, des rochers, des sapins, des bois noirs, des montagnes, des chemins raboteux à monter et à descendre, des précipices à mes côtés qui me fassent bien peur. » Rousseau était un promeneur et j'ai compris ces mots. La satisfaction de vivre franchement des heures au fil de la route avec un ami pour visiter Annecy n'était qu'un pas de funambule vers un homme que j'admirais parfois.

*

Après ce jour, j'ai décidé de me pencher davantage sur la préparation de mes excursions. Je me suis mis à rouler plus souvent, j'ai choisi mes pièces de bicyclette avec plus d'humilité, en adaptant ma monture à mes kilomètres. Si l'itinérance était imprécise, Annecy m'avait piqué dans mon rêve de liberté. Dans tout mon corps coulait cette volonté de m'époumoner pour en voir plus. Malgré cela, lorsque je laissais partir mes yeux dans le vide ils projetaient toujours la même scène : deux compères qui ont défilé dans une campagne de lacs et de roches, puis se sont perdus dans un temps qui s'est épaissi, a disparu, s'est allongé. Nous étions arrivés épuisés à Annecy, pourtant si proche de Lyon, comme si nous avions fait un voyage de ce qui n'était qu'un après-midi de vélo.

À erreurs radicales, solution radicale : j'ai remisé dans mon tiroir cet exubérant compteur et navigateur qui trônait sur mon guidon et je suis parti m'entraîner, pourvu seulement d'une carte et, parfois, d'une boussole.

*

Une carte dépliée occupe toujours trop de place sur un bureau. Un vaste plan de travail comme celui d'une cuisine peut convenir, mais le mieux reste encore de l'étendre à bout de bras sur le parquet. Un marin m'a dit un jour qu'on juge un grand voilier à sa table à carte. Car il est hors de question de la plier : préparer un voyage, c'est accepter de suivre une carte jusqu'à sa bordure, de tomber dans l'urgence de la suivante. On se voûte au-dessus d'elle, les articulations écrasées contre la dureté du sol. À genoux face au support des mondes, on plonge dans les courbes topologiques, les noms fantaisistes et les promesses de domaines où nous ne serons que des passants. « Col de la Croix de l'Homme Mort », « Col des Limites ». À peine accueillant, ce Livradois-Forez… Le voyage s'apprend dans cette préparation, la fièvre des aventures probables et imaginées naissant alors et s'emparant de nous. Ces cartes, avec leurs informations repliées, camouflent des rencontres magnifiques ou des difficultés inattendues – les déconvenues de la carte sur le territoire. À travers la patiente obstination de leur étude, elles restituent au *Wanderer* l'ombre et la lumière, masquent les formes et les textures par un éblouissement de toutes les énigmes. Elles tissent un lien entre les forces grouillantes : montagnes, réserves, fleuves et villes, recelant d'estimables informations. Je les parcours pour découvrir les régions disposées comme par magie divine. Le regard survolant ces mondes cherche à débusquer l'éphémère vécu dans le tracé d'un territoire, la durée que le corps ressentira dans la distance entre deux figurés ponctuels. Je me sens, rien qu'à regarder les cartes de la France du vide, ami de Stevenson courant après sa Modestine, l'un des premiers récits d'aventure de mon enfance avec les Jules Verne. Mais il me faut réinventer ce voyage. Ne pas simplement plonger sur ses traces comme on exhume un sarcophage. Rendre hommage à mes auteurs consiste à voir leur actualité. Je décide de partir à bicyclette dans le Livradois-Forez sans regarder en arrière, cette fois, fidèle aux mots de Morand : « À douze ans, j'eus ma première bicyclette ; depuis, on ne m'a plus jamais revu. »

En somme, lorsque l'on se prépare à partir, la carte est témoin de la faiblesse de l'homme qui établit des listes. On l'ouvre dans un état de séduction originelle, se projetant dans les larges aplats de couleur verte qui symbolisent les forêts, se rêvant dans une ascension époumonée d'un de ses triangles. Des petits cônes jaunes avec des cotes (« 984 m », « 1 007 m ») surplombent partout des nappes brunes variant d'intensité. Pourtant, sur cette planche de courbes l'homme glisse des projections pour pimenter la précision des relevés géographiques. Celles qui ne seront pas faussées par l'inattendu perpétuel du cheminement seront pour sûr nuancées. Je pense à l'exposition de Jed Martin chez Houellebecq : « [...] la carte développait un fascinant lacis de départementales, de routes pittoresques, de *points de vue*, de forêts, de lacs et de cols. Au-dessus des deux agrandissements, en capitales noires, figurait le titre de l'exposition : "LA CARTE EST PLUS INTÉRESSANTE QUE LE TERRITOIRE". » Je crois pourtant que la carte ne m'intéresse pas plus que le territoire après que j'ai roulé, mais elle m'apparaît, comme Jed, sous une forme magnifique avant d'être parti, une perle des sciences qui naît dans l'huître de sa fonctionnalité. Plus, elle a un pouvoir : achetez toutes les cartes nécessaires à l'organisation d'un voyage et vous n'aurez plus le choix ; il *faudra* aller jusqu'au bout. La carte vous tire par la manche vers le large aussi naturellement que le reflux des vagues. Je bénis le jour où je suis tombé dans une carte, mais c'est le jour où j'ai plongé dans une aventure que j'ai trouvé ma bénédiction. D'ailleurs, la carte de Jed Martin est présentée dans un musée, inclinée. La carte encadrée est un tableau de noble qui reste à demeure et regarde ses terres arborées sur un mur. La mienne a été exposée au temps, aux cathédrales vertes des forêts, aux pluies diluviennes et à ma rage au bord des routes. C'est une carte de roturier qui peut servir d'oreiller de fortune, de couverture pour la pluie, ou d'allume-feu médiocre. Elle est maculée, impose à ses rides la démonstration des termes « Étanche et Indéchirable », dont un symbole de robustesse fait la promotion dans un coin inférieur de sa couverture.

Une carte. Boîte de Pandore bercée dans l'illusion. Immense condensation malhabile du monde. Elle fait sortir des profondeurs de sa colorimétrie les villages aux maisons bordées de haies, les pentes où l'on manquera de tomber sous l'écrasante déclivité. Elle camoufle les forêts broussailleuses où il faudra débourrer le vélo dans les chemins en friche, elle imite la motion d'un corps dans une route en lacet, le brouhaha des villes où tout fuit sans se retourner. En son sein, la carte jette et compresse autant de sensations, ne pouvant traduire toutes les nuances mais parvenant à donner des impressions, *là-bas* : à éviter, trop plat – du vent, morne, lassitude, monotonie. Ici, un point de vue, des pics raides, j'irai. De temps à autre heureusement, je change d'avis dans l'urgence d'un rêve de plaine.

Pour beaucoup, ces cartes ne servent malheureusement plus à rien, elles dorment dans les poches des portières, détrônées par les écrans et les voix artificielles du guidage de bord. Le monde semble faussement plus accessible quand on est guidé. A-t-on pourtant idée de partir sur la route sans ces accordéons ? Sacrilège.

Elles, où les routes s'offrent à l'œil qui les survole, vierges comme des traits de feutre ; le long du fleuve, une deux fois deux voies rouges sur le plateau Michelin 1/200 000, ici, l'indication d'un gîte salvateur, et là-bas, voyez… Elles, abandonnées dans la chaleur moite et le synthétique chauffé des portières ? Plutôt les laisser filer dans la rivière !

En revanche, il faut bien admettre certaines merveilles du monde virtualisé : les routes, quelques sentiers carrossables, les photographies panoramiques, des térabits d'informations sur votre aventure qui sont déjà disponibles en imagerie satellite à trois cent soixante degrés, depuis les serveurs de la Silicon Valley. À utiliser avec modération : pourquoi rouler à bicyclette si un chemin vous est dicté ? Comme si explorer le monde était désormais impossible sans passer par l'espace, sans l'utilisation de satellites et du monde élargi. Je suis nostalgique de l'avènement du monde par la carte. J'ai même écoulé de belles heures à pédaler autour du mont Verdun, en périphérie de Lyon, alors qu'il ne figure sur aucune carte. C'est une base militaire, l'homme y a remplacé les relevés par un encart gris d'incertitudes, un vide dans le papier sous l'insert « Base 942 ».

Ces quelques centimètres carrés sont là pour rappeler combien c'est au creux des ténèbres humaines qu'on peut aussi se libérer. Dans la nature, emmuraillée au regard par l'homme, s'expriment tout autant sa bassesse que ses qualités. La carte craint le territoire. Elle est un mythe qui feint de représenter les peines et les joies vécues au niveau du sol, comme une jungle peut sembler accueillante ou menaçante lorsqu'on ne voit que la brousse depuis le sommet d'une montagne.

*

Le soir même, j'avais composé mon parcours, tout en ayant la certitude que je ne le suivrais pas dans son intégralité, fuyant par les chemins de traverse. Au moins, la carte m'avait familiarisé avec ces lieux-dits que je reconnaîtrais, ou non, par les panneaux. J'avais rangé les cartes, pris par la hâte de perdre mes pneumatiques dans un éclaboussement d'adrénaline qui irradierait tout le corps, qui effacerait toute impression de fatigue. J'étais presque repu d'avance. Je sentais que j'avais réussi à ne rien attendre de la route. Les promesses de la carte avaient été étouffées dans le rêve d'une perte, le rêve d'aller plus loin, le rêve d'en découvrir plus que ce que toutes les cartes transcrivaient. J'avais lu mon désir de jouir de ce que l'on gagne à pédaler. Et précisément, ce qui est jouissif lorsque l'on se perd volontairement, c'est de retomber sur le tracé prévu, dans l'enchantement d'un hasard instinctif.

Le plan de route était posé devant moi, il ne restait plus qu'à l'embarquer lui aussi. Des villes aux noms familiers s'empilaient. Çà et là défilaient des terroirs de ma France natale qui dégageaient dans ma chambre des odeurs de fromage ou les effluves d'un fumet de gibier. Aussi, je me remémorais ces samedis où mon père découpait le poulet dans les nappes de thym. Au détour des conversations, il était question de la bataille de Péronne, des braconniers du Morvan. J'entendais les canons, l'usure, la traque. Puis ma mère s'emparait de la saucière et, tandis qu'elle enduisait les rattes du Touquet, fuyait les coups de fusil en campagne. Avec elle, il était et serait question des petites mains de Pierre Cardin qui tissaient des robes de l'espace, des personnages de Roald Dahl, ou bien du noir parfait d'une allure Chanel et du dernier prix littéraire (sans jamais transition aucune, histoires longues de préférence). Mon père répliquait : « Tom Morel est lyonnais, un vrai héros des Alpes celui-là ! Grimpe le Petit-Saint-Bernard et pense à cette douleur dans les pics. Use tes mollets pour quelque chose de plus valable, cette fois, et incarne sa fierté. » L'écho suivait comme une balle perdue en montagne : « Tu ne voudrais pas plutôt que nous allions visiter Jacques Garcia ? C'est sûr… c'est un autre type de *Champ-de-Bataille* », ripostait ma mère la fourchette en joue. La France, berceau minuscule de la nuance immense.

« Préparer un voyage. » J'avais découvert en mai et juin 2015 l'ivresse de s'endormir comme auprès d'un feu de bois fugitif d'une nuit de bivouac, en pensant à mes cartes dans leur corbeille en osier. Les cartes, bien plus que tout outil informatique, m'avaient emporté. À elles seules elles incarnaient les combats racontés par mon père – car une carte n'est qu'une guerre venue et à venir – et l'attention aux arts de ma mère. En elles luisaient le sang de Morel dans les Glières, le brut du béton armé des bunkers normands, la dentelle de Calais et le drapé couture. J'avais fini par comprendre qu'elles n'étaient qu'une explosion musclée de tout ce qu'ils vénéraient. Un tissu vivant de plis, soigneusement cousu par l'attention de l'homme méticuleux, de l'artisan qui sait que l'on attend de lui des surprises, des preuves, des signes. Elles avaient une texture sèche et veloutée à la fois, le velours côtelé de leurs vallées était doux sous le doigt. Depuis leurs pliures ouvertes en passementerie, signes d'usure, m'apparaissaient une longue expérience à vivre et des nuits blanches sous ma frontale à tricoter et tricoter encore de mes mollets, à mouliner le cœur dans le noir, ignorant le résultat final. Elles faisaient de moi le couturier à qui reviendrait la tâche de conduire une allure au milieu de formes. Ces cartes étaient les broderies dans lesquelles chaque courbe devait s'exprimer. En faire trop, c'était abîmer la beauté de la bête humaine et de la nature souveraine. Pas assez, c'était aussi un déshonneur. Les regardant des heures durant, entre deux livres, je me délectais ensuite, yeux fermés, des danses qu'elles renvoyaient et je m'imaginais : arriverais-je à profiter de ces points serpentins pour laisser la roue libre chanter, le poids du corps balancé dans la centrifugeuse d'une descente ? Les cartes… Peut-être que mes parents auraient partagé inlassablement cette passion si ma mère n'avait pas eu un si mauvais sens de l'orientation. Elles étaient leur plus juste point de contact.

Alors que je dormais, des objets grimpaient les remparts de ma conscience. Je me relevais d'un bond, armes à la main face à l'assaillant, les membres ankylosés mais ajoutant un petit rien sous la toile Cordura d'une sacoche. Je secouais le vélo, vérifiant que mon barda ne bougeait pas avec le mouvement. Tout était fixé sur la bicyclette comme une nouvelle addiction. Le plus souvent, je retirais au fil des voyages la plupart des objets, qui en définitive n'y avaient pas leur place. Après quoi, je préparais à nouveau mon paquetage. Les gestes étaient toujours les mêmes, dictés par les échecs précédents, des gestes lents comme les pulsations du cœur, concentrés pour ne rien oublier sur la monture. Il me fallait apprendre la sagesse à mes membres, mimer la chair d'airain de mon ami Saint-Léger, à la cadence agile et sans précipitation. De la perfection naît l'apparente facilité du geste. Tesson venait à mes côtés : si les ermites font des mouvements lents ce n'est pas seulement parce qu'ils sont les maîtres du temps. L'isolement géographique ne supporte pas l'imprécision et la hâte, il est le règne de l'attention.

Avant de m'endormir pour une dernière nuit dans le confort de la civilisation, je posais une ultime fois les yeux sur ma bécane. Tant d'heures obsessionnelles à peaufiner les réglages, tant d'erreurs, de tendinites naissantes, de douleurs anesthésiant le plaisir... Elle ne me quittera plus, cette monture ! Pourtant, je ne la verrai plus que du dessus, assemblage étrange de tubes fixes et de parties mobiles. Mieux : mon ombre sur l'asphalte sera mi-homme, mi-bicyclette. Voilà : le centaure rendu réel par le progrès. C'est le « Surmâle » de Jarry. La mécanique du vélo était bien huilée, chaque passage de vitesse fluide et chaque point d'usure vérifié.

Parfois, des ajustements s'imposaient. Lorsqu'il s'agissait de grimper des jours durant, je me voyais gribouiller sur la trame de la carte : « prolongateurs à retirer, veste et gants, partir léger, cassette de 32 pignons ». En montagne, il faut savoir dormir partout, se plier aux exigences du froid, au contact de ces bouquets célestes. Surtout, pas de lourde tente qui occulte le bonheur d'étoiles non familières. Les fossés douillets, les pineraies et les abris de montagne poussant comme des champignons de mon imagination suffisaient tout autant qu'une couverture de survie.

J'avais vécu plusieurs soirées comme celle-ci, la veille d'un départ. Aussi, je choisissais un livre, puis je faisais quelques emplettes, tout en sachant bien qu'aucun matériel ne pourrait égaler celui dont je connaissais parfaitement l'usage ; presque rien, en somme. Il ne me restait plus qu'à m'asseoir, goûtant une dernière fois le luxe d'une chaise et d'un coussin, et à prendre une gorgée de whisky, à défaut d'avoir le calme nécessaire au vin. Je regardais les cartes disposées les unes sur les autres entre des recueils de Carver et Bonnefoy, sous un roman de Majdalani. Nature morte et vivante à la fois : « Tu veux un monde [...]. C'est pourquoi tu as tout, et tu n'as rien », dit l'épigraphe d'Hölderlin... Une étendue du savoir humain disposée en salon littéraire luisait, me laissant imaginer le meilleur comme le plus rude. Le whisky doucement descendait dans ma gorge et des résidus perlaient sur mes lèvres heureuses. Je remplissais la flasque rouge sur laquelle étaient ironiquement inscrits les mots « FIRST AID ». Une autre gorgée. L'anesthésie et la chambre, baignée dans une musique de plus en plus distante, finissaient par avoir raison de mon organisme nourri aux pâtes d'avant l'effort. Rideau. Je m'endormais.

Il y avait dans le territoire chacune de ces histoires préalables. D'abord, en le fantasmant : l'envie de voyager, de relier les points d'un dessin géant en le portant à jamais dans la mémoire. La carte fait naître le désir d'explorations, elle donne au citadin l'humilité, et la peur nécessaire pour s'entraîner les jours d'hiver. Face à ces plaines ventilées où le dos se courbe pour réduire sa surface au vent, face à ces escarpins de roches sur lesquels il faudrait se hisser, l'homme et la machine se préparent mutuellement pour ne pas échouer loin du monde habité. Il y a un instant suspendu, le palet enivré, dans lequel la carte qui se dessine s'aromatise – bourbon filtré aux charbons des plaines du Tennessee, odeur vaporeuse du thym dans la cuisine d'un enfant, âpre sensation du velours côtelé contre ma joue s'accrochant à une jambe d'adulte. Les muscles se détendent, l'esprit se rassérène à l'évocation d'expériences passées qui flottent là, quelque part dans cette cartographie et ces lignes amassées.

C'était maintenant le temps de la roue, le temps de la route qui file et défile. C'était maintenant le moment de distordre le cours d'une vie, de réaliser tout ce qu'une volonté sait parcourir en quelques heures, tout ce que l'expérience de la grande randonnée dépayserait, écartèlerait, sublimerait. Bientôt la présence du monde me cueillerait à son tour au milieu des paysages uliginaires. Ensuite… il me resterait peut-être les souvenirs, l'empreinte de la route, les leçons et le regard ouvert.

Des yeux mi-clos à l'écarquillement des yeux émerveillés, la carte me fait chaque fois l'effet d'un éveil. C'est une fourberie qui aide. Elle est si fausse comparé à ce qu'on vit sous le feu qu'on lui en voudrait presque. Mais elle est là, elle se fait apprécier, on apprend à ne plus tomber dans ses panneaux, à rester surpris de ce qu'elle nous indique.

Le lendemain à l'aube, à mi-chemin de l'escalier, j'avais croisé ma voisine du dessous, ébahie et joliment habillée à l'ordinaire – elle rentrait sans doute de soirée –, tandis que je remontais les marches d'un pas glissant comme dans la vase pour vider ce que j'avais ajouté à la dernière minute, avant de redescendre toujours avec mes chaussures à cales. J'avais constaté alors l'aérienne mollesse de ma sacoche avant, vide à l'exception de ces deux cartes. C'était parfait, il y aurait de la place pour des provisions. Il y aurait de la place pour deux régions.

III

Le temps donné en Flandres

À Saint-Jans-Cappel (monts des Flandres),
depuis Le Touquet-Paris-Plage (Côte d'Opale).
Hiver 2016.

Avant d'évoquer ce qu'il s'est passé dans le Livradois, je tiens à revenir sur l'incident du Mont-Noir, ou plutôt, comme j'aime l'appeler, mon « affaire Yourcenar ». L'« affaire Yourcenar » constitue un épisode que j'ai souvent préféré omettre. J'ai l'impression de le tenir aujourd'hui pour une dette inavouée de mes erreurs de parcours. Je l'ai ainsi nommé après avoir manqué de flanquer un vélo d'une douzaine de kilogrammes (bagages inclus) dans le premier fossé ou sur le premier visage de la villa du Mont-Noir. Je dis aujourd'hui « un épisode que j'ai souvent préféré omettre », mais la réalité est plus douloureuse que cela car je l'ai jusqu'à ce jour laissé dans l'oubli. J'en avais parfois des retours qui me restaient en travers de la gorge de manière fugace, me prouvant combien il peut être fabuleux mais aussi dangereux de partir sur la route avec une idée préconçue du déroulement du voyage. Dans les faits, on se laisse bercer par des rencontres qui font de nous le cheminot d'un rail incertain et de nos journées des pages vierges qui se remplissent si vite.

J'évoque facilement certains apprentissages et adaptations qui m'ont été nécessaires, mais j'ai tout fait pour effacer l'affaire Yourcenar jusqu'à ce que je finisse par considérer cette zone d'ombre comme illégitime. Peut-être – j'ose du moins l'espérer – permettra-t-elle d'apprécier le ridicule de la situation maintenant que mon désarroi s'est éteint, et, avec lui, mon double échec de l'époque : cycliste et littéraire.

Je suis arrivé à une allure modeste sur ma monture afin de visiter la villa du Mont-Noir. C'est en ce lieu, dans le château familial, que la jeune Marguerite de Crayencour, dite Yourcenar, vécut son enfance. J'aime chez Yourcenar quelques paragraphes d'une inégalable justesse historique et poétique de *Mémoires d'Hadrien*, ainsi que des lignes touchantes sur sa grand-mère Noémi, qu'elle détestait. Quant à la femme derrière l'anagramme, on connaît bien peu de choses sur ses premières années. Elle naquit à Bruxelles le 8 juin 1903, fut instruite par de nombreuses préceptrices, et, sa mère étant décédée peu après sa naissance, elle passa une partie de son enfance dans sa famille paternelle au

Mont-Noir. Le château familial fut vendu en 1912, puis détruit au cours de la Première Guerre mondiale.

J'étais chargé de petits sacs découpés de façon à s'imbriquer dans les interstices du cadre de ma bicyclette, comme si j'avais souhaité en colmater chaque centimètre pour tisser une voile. Il pleuvait, d'abord un léger crachin, une sorte d'ondée. Et puis ce fut le grand vent de face, Éole tambourinait dans les rafales. La journée est passée assez vite jusqu'à la fin d'après-midi, peut-être grâce aux multiples arrêts dans des cafés et à la compagnie d'un ami local, souvenir vivant de mes années de collège dans la région lilloise. J'avais envie de me demander : « Que fais-tu ici, petit homme ? »

Aujourd'hui encore, j'ai horreur de Lille. C'est une répulsion physique, bien trop forte pour que je me l'explique rationnellement. Il y a des villes bien sûr dont on tombe amoureux, pour lesquelles on est prêt à quitter attaches et habitudes pour y poser ses valises, d'un coup sec, et commencer une nouvelle vie : Lyon est de celles-là. Lille en revanche me hérisse le poil comme un vieil ennemi. Lorsque je dis ça, mes amis lillois redoublent d'efforts pour me faire changer d'avis : « Mais si ! La Citadelle au moins ? Tu ne peux pas dire que tu n'aimes pas les bières et l'accueil des gens !… Même si je te paie une gaufre chez Meert ? » J'ai droit à un discours identique et redondant au sein de ma famille.

Sous le soleil, dans l'encadrement de quelques-unes de ses vieilles façades autour de la Bourse, on peut se croire sous le charme. Mais cela ne dure qu'un temps. De la gare froide jusqu'à la Deûle miteuse, Lille ne m'apparaît que comme une ville de carton-pâte où je transite chaque fois le plus promptement possible. Une seule chose me laisserait m'y oublier quelques heures : le palais des Beaux-Arts, immense châtelet consacré aux joies des yeux où j'aime m'égarer dans la galerie flamande comme devant un Goya ou un Bruegel. Dans ses sous-sols, en plein cœur de Lille, s'étendent de grandes cartes d'état-major reproduisant en plans reliefs le plat pays sous forme de maquettes, avec des citadelles, des bourgs, des forêts.

Depuis mon enfance, je ne cesse de m'imaginer le monde avec ces yeux d'habitants de plats pays qui parviennent à lire les horizons sans obstacles. Je me dis souvent qu'il n'y a qu'eux, gens de plaines, qui ont ce besoin de voir la terre du dessus, qui la reproduisent par de savants stratagèmes jusqu'à un jour peut-être, voler... Chez nous à Lyon, les gens n'ont qu'à grimper Fourvière pour avoir un spectacle mobile et palpitant sur toute la ville tandis qu'au loin la montagne défie l'horizontalité comme les pulsations d'un électrocardiogramme.

Chaque fois que je roule en Flandres, je m'imagine roulant sur la table de ces maquettes, dans les sous-sols du palais des Beaux-Arts. J'y déambule. Rien qu'un petit point qui roule : je me vois avancer sur ces maquettes où les arbres ne sont qu'un morceau de bois avec de la mousse verte collée en hauteur. Je sens la pluie que je transperce comme un paysage, les plaines venteuses qui ralentissent ma progression. Il y a là-haut peut-être des yeux qui me suivent, qui observent la maquette sur laquelle j'avance, des voix qui me dépassent. Au sommet du mont Noir, je profite de ce jour d'automne pour revoir Marguerite qui regarde par la fenêtre de sa villa, et repense à cette phrase : « [...] dites à Monsieur et Madame Dufour (en 1980, ils étaient propriétaires de la villa édifiée au-dessus des anciennes écuries du château) que l'un des plus beaux moments de la journée a été celui où j'ai pu considérer un peu longuement, d'une fenêtre de leur chambre à coucher, le paysage presque identique à celui que je regardais de ma chambre d'enfant. Le temps était aboli ».

*

Je me suis donc rendu dans les pins noirs à bicyclette dans l'espoir de me réconcilier avec les Flandres, qui ont été, à bien des étapes de ma vie, le lieu d'une grande tristesse et d'une profonde gêne, et que la plaine, le climat et certains événements m'ont poussé à fuir. J'ai voulu briser la superstition qui se tramait en sous-main et prendre la route depuis Le Touquet et sa pinède calme, en traçant une diagonale dans les Hauts-de-France.

Pour parvenir à la frontière franco-belge j'ai traversé beaucoup de cimetières et mémoriaux de la Grande Guerre : anglais, canadiens, américains – toujours des prairies de croix blanches. À midi, j'ai déjeuné dans la compagnie joviale d'un employé allemand, dans une station-service où ils proposaient un fameux assortiment de sucreries. Enfin, je me suis approché de la maison par la route en contrebas, ralentissant mon allure malgré moi à chaque bourrasque de vent comme si je m'ancrais pour ne pas être emporté. Plusieurs centaines de kilomètres avaient défilé sous mes roues depuis le matin, et les derniers pourcentages avant d'atteindre le sommet du mont Noir me faisaient grincer, comme ces cyclistes des « classiques » que l'on voit sur des pentes pavées à la télévision. J'aurais voulu quitter ces plaines et leur vent, mais j'avais eu du plaisir à lire du Yourcenar et à retenir quelques phrases sèches, marquantes même hors contexte. Elle a très justement dit par exemple : « Le véritable lieu de naissance est celui où l'on a porté pour la première fois un coup d'œil intelligent sur soi-même. » Rien ne peut être plus juste à mon sens.

Il n'y a dans les plaines du mont Noir qu'un écho emporté dans l'air. C'est l'écho des vitesses que l'on passe, tandis que l'on cherche le braquet idéal face aux rafales. Le vent étouffe les paroles, la musique, le son des pensées et il fait pleurer les yeux.

Je poursuis ma route, assez fier malgré tout de réduire l'écart avec le but de mon expédition. Voyager, c'est apprendre à sourire… Il y a paraît-il au Mont-Noir des jacinthes, un grand parc avec beaucoup d'espèces, et une dernière montée sous le vent. À l'automne, les pins sont un salut. Lorsque l'on a passé toutes les plaines depuis Le Touquet, par Attin, Dennebrœucq, Aire-sur-la-Lys, puis Morbecque, le buste parallèle aux prolongateurs pour regrouper ses membres face au vent, c'est une joie de se retrouver devant la maison, à nouveau dans la pinède.

J'ai l'impression cependant que les derniers visiteurs ont fui. Ils se sont dépêchés de monter en voiture et de claquer les portières alors que je m'arrêtais devant le portail. Selon l'architecture locale, la façade n'est qu'un fronton de briques rouges. La maison du gardien est sombre : lanterne avec une ampoule basse consommation, fenêtres rebouchées et volets verts qu'une main attrape pour les rabattre.

– Hé ! Mais vous fermez déjà ? C'est pas dans un quart d'heure ?

– Revenez lundi.

Lorsque le gardien parle, son collier de barbe s'agite de haut en bas.

– Je suis venu à vélo, vous comprenez... Je veux vraiment visiter...

Il scrute le portail fermé avec un antivol de scooter, regarde à gauche et à droite. Rien qu'un gros pick-up blanc et une palissade avec des panneaux publicitaires pour les collectivités du Nord.

– Ben non, c'est bien fermé… En vingt minutes on n'a pas le temps de visiter. Vous êtes mouillé ?

– Un peu, oui. Je ne peux pas visiter ?

– Vous l'avez loupé de peu pour aujourd'hui. Surtout mouillé comme vous êtes.

– Mais justement : je suis trempé !

– Allez, monsieur, revenez lundi ! On a à faire, tout est fermé.

– Écoutez, je viens de loin avec mon vélo et une partie de mon guidon est cassée. Regardez : il manque deux vis sur quatre.

Son regard se fixe sur le cintre puis balaie ma monture. Il écarquille les yeux lorsqu'il me voit sortir une banane écrasée de ma poche dorsale.

– Fallait pas faire le Paris-Dakar dans la pluie, monsieur. Là c'est fermé – c'est fermé. Je ne suis pas mécanicien, moi.

Tout pataud, il scrute la clé anglaise que sa main tient fermement ; juste derrière lui, le pick-up contient une caisse à outils, en tôle rouge. Et il enchaîne :

– Non, vraiment, je ne peux pas vous aider. Le musée n'a peut-être pas encore fermé. Allez y voir…

Il m'indique une direction que j'avais pointée sur ma carte.

Je grelotte, car l'arrêt me refroidit. J'attrape une épaisseur de laine mérinos dans ma sacoche et je lui lance :

– Vous avez des choses à me dire, vous, sur Marguerite Yourcenar ?

L'homme en habit vert municipal désigne la pancarte et me répond :

– Vous voyez bien, il faut faire la visite pour les informations. Mais là, c'est fermé, alors je vais rentrer chez moi au chaud. Faites-en autant, 'pis revenez lundi.

Ce fut l'un des moments de mon existence où je me sentis rapetissé, tandis que la maison ne cessait de s'éloigner.

À quoi bon ? pensait-il – un grognard en tenue de cycliste, là-haut, dans le vent qui frémit... « Je me souviendrais bien, moi, de ces plaines marécageuses où il n'y a rien, dans lesquelles je passe la journée sans trop savoir à quoi bon... »

Il n'y avait là rien d'autre pour moi ce soir-là que l'évocation de l'enfance de Marguerite et ce même nom noctambule de « villa du Mont-Noir », qui me semblait plus que jamais adapté au lieu. La nuit tombait déjà.

Je voyais derrière la grille des images sans perspective du château détruit, imaginant les bottes anglaises de l'état-major pendant la guerre, et puis le parc, qu'il avait fallu repeupler de vie animale pour y passer des heures plus douces. En face de moi, le Mont-Noir n'était qu'une grille et une boîte aux lettres vertes, comme les pins. Sur la route, quelques haies de charmilles et des bulbes de jacinthe aux rebords des fenêtres.

J'avais attaqué la dernière portion de ma journée avant la nuit, en petit cycliste funambule sur mes jambes ruisselantes de muscles tendus, avalant le dernier bout de goudron sur mes pneus ridiculement étroits. Il devait avoir vu mon phare arriver à des lieues, le gardien. Et je n'avais plus maintenant qu'à fermer les yeux dans cette odeur de boue et à penser une dernière fois à la rue Marais, où vivait Noémi, la grand-mère détestée, à Lille et aux Flandres entières qui berçaient ma journée comme une blessure fantôme. Les nuages crevèrent à nouveau. Les fleurs du jardin au printemps, le chalet aux roses et le chalet aux chèvres vers le haut… Tout cela n'était qu'une lointaine illusion de visite, perdue dans les champs étales comme une montagne invisible couchée sous le vent.

Je me souviens du sarcasme de mon sourire lorsque j'avais lu : « Monts des Flandres, altitude 152 mètres. » Mais dans ces « hauteurs » de plat pays, je n'avais rien vu de ce contre quoi le temps avait voulu me mettre en garde. Je n'avais rien compris de l'hiver et du monde froid qui se recréait si vite ici, au sein d'une rafale. L'énergie du vent dans le Nord se ressent comme un champ magnétique : entre attirance et répulsion, j'étais ballotté dans les contraires à chaque virage.

– Vous êtes encore là, vous ?

L'homme en tenue verte, trop ample, avait retiré sa veste et ne portait plus qu'une laine, verte aussi, trouée par endroits, sur un pantalon de travail à bandes réfléchissantes. Il avait un visage aux joues racornies par la vie du dehors. C'était un visage de jardinier… Mais il avait l'air en colère après la Nature, ce jour-là.

– Oui.

Il regarda mes mains qui cherchaient en vain à déplier un papier à l'encre détrempée et ramolli par l'eau – j'avais recopié un passage de *Mémoires d'Hadrien*. Il me dit :

– Allez, partez maintenant.

Je pouvais désormais entrevoir ses yeux ennuyés. En traversant les flaques quand le gardien avait entrouvert sa porte j'avais eu l'étrange impression qu'il craignait qu'on ne l'approche de trop, mais maintenant j'étais certain : son visage était contourné d'ennui, de rythmes misérables à reproduire des gestes occupés. J'en saisis qu'il portait la joie d'un refus que son autorité quoique moindre lui permettait. Il insista :

– Écoutez, partez. Vous voyez bien que c'est la nuit. Allumez vos phares et allez manger en bas, côté belge. Il y a plein de commerces, tout y est moins cher. Vous fumez ?

– Non. Je suis venu visiter la maison de Yourcenar à vélo.

– Le tabac il est moins cher en bas. Ce n'est pas loin, peut-être vingt minutes…

Je sortis mon téléphone de sa poche étanche. Sans que je comprenne bien pourquoi, la vitre était brisée. Rien ne voulait s'allumer. Encore une bonne nouvelle…

L'autre enchérit, béat, avec son caramel mou dans la gueule :

– Vous m'avez l'air fatigué. C'est très commerçant là-bas, vous verrez. Les gens viennent la journée promener les enfants et les chiens dans le parc après les magasins.

Il ne savait plus quoi ajouter.

– Allez, bonsoir cette fois.

Je vis mes lunettes de pluie floquées de boue, je vis mon compteur qui disait « batterie faible ». J'en ressentis un grand vide, celui d'un homme qui n'avancera plus qu'à la grâce de ses pensées, et j'en conclus qu'il allait me falloir entrer dans un endroit chaud, attraper un train et me réfugier chez ma sœur, à Lille. L'aventure, c'est l'optimisme face à la fatalité... J'eus cette impression de vertige étrange dans la pente. Le vélo, quand même, c'est parce que j'aime ça : on garde toujours un coin de plaisir dans ces journées... J'étais ravi, profondément joyeux de quitter ce lieu. Malgré mon échec, la villa faisait écho aux lieux où j'avais vécu, à ma terre de naissance, et auxquels je me refusais à retourner : j'essayais humblement d'éviter qu'elle ne puisse révéler ma limite d'homme, l'évanouissement de mon courage, la chute de la bonne volonté. J'allais crier, j'aurais voulu hisser le gardien au sommet du grillage, peut-être pour l'entendre à nouveau grommeler « On dirait que c'est fermé » avec sa satisfaction molle. En descendant la colline j'eus cet étrange souvenir, je revis une image de mon enfance : chez le poissonnier (à la poissonnerie L'Huîtrière, dans le vieux Lille pavé où je vivais alors), des homards et des crabes s'escaladaient mutuellement, comme les rats font parfois, pour tenter de s'évader de l'aquarium. Ils retombaient l'un après l'autre. D'habitude l'aquarium m'évoquait les vacances, un peu comme le mouton blanc et laineux que Marguerite lavait le samedi dans le parc, mais je revoyais cette image dans une poche de jour pluvieux.

La scène, que j'imaginais avec sa propre voix, me gênait jusqu'à la rue Princesse (où habite ma sœur à Lille) après avoir dîné et pris le train.

*

Il n'y avait qu'une conclusion possible après avoir eu les jambes fourbues par les deux cents derniers kilomètres. Pour rejoindre Saint-Jans-Cappel, aux portes de la Belgique, je m'étais éreinté sur une route qui ne m'avait pas conduit à ce que j'attendais. La Villa départementale Marguerite-Yourcenar, qui aujourd'hui accueille régulièrement des écrivains, s'était refusée à moi pour respecter un horaire. J'avais été ballotté par les vents et la pluie jusqu'à me retrouver là, face aux grilles fermées de la bâtisse et aux fenêtres tues. Éteint, le gardien de la villa avait regagné sa dépendance.

Je ne connaissais pas Marguerite Yourcenar. De grandes histoires entourent son nom et son travail d'académicienne qui me fascinaient. Certaines pages avaient ensuite attiré le lecteur et étudiant que je suis, conduisant l'écriture de mes pneumatiques dans les flaques de la route, par le tableau des plaines. Mais l'échec, à nouveau, me ramenait à Lille. Je m'étais senti prêt à escalader l'enceinte, sans guide pour me prendre par la main ni gardien pour m'accompagner. Peut-être était-ce la conscience de la difficulté, ajoutée au fait que ce n'était pas un geste habile devant un concierge ennuyé, qui m'avait dégrisé.

J'avais gardé en tête certains écrits, que je pensais rapprocher de la villa. En contrebas d'un musée à l'architecture en pignons flamands, j'avais échoué à cette tâche. Malgré tout, j'aime croire désormais que tout cela n'a pas été vain. Dans un repli du Mont-Noir, j'avais trouvé un petit écriteau. Dessus, il était inscrit : « *Sta ! Viator.* » Fripé par la pluie, j'avais traduit ce message laissé par Yourcenar elle-même quelques années plus tôt, avant qu'elle ne meure aux États-Unis en 1987. Tout en attrapant dans ma sacoche une bouteille de trappiste, effectivement bon marché dans cette région, j'avais reporté les mots suivants dans mon carnet : « Arrête-toi, voyageur. »

C'est donc ce voyage, autant que celui d'Annecy, qui m'a appris à tirer parti de mes erreurs : à prévoir un peu mieux les parcours sur lesquels je m'élançais la tête en l'air.

Et puis, dans un désir de printemps, j'ai filé rejoindre une amie dans le Livradois, avec l'allégresse de quelqu'un qui court vers l'eau pour se baigner.

IV

Actions de chemins

Autour d'Ambert (Puy-de-Dôme), depuis Lyon.
Mai 2016.

– *Helleborus foetidus* !

– Pardon ?

– Les plantes, là… que tu regardes. Des renonculacées dites *Helleborus foetidus*.

Fleur a la respiration saccadée. J'ai décidé de rouler à ses côtés dans le Livradois pour attirer à moi l'expérience de routes et de montagnes nouvelles ; car j'y ai pris goût, à ces montées, à mesure que l'aisance s'est accrue. Fleur enseigne les lettres à Paris. Elle m'offre désormais, pendant ses vacances, le nom des plantes à mesure que nous les rencontrons et me cause botanique ou littérature. Sur la peau mate de sa jambe, se découpe une marque de bronzage prononcée, qui épouse les formes de sa tenue.

– Tu sais, en montagne, jusqu'à mille trois cents mètres… et même l'hiver… on ne voit qu'elles !

J'essaie de graver en moi un dessin de la plante fidèle aux illustrations des grands livres que nous lisions petits. L'hiver m'est difficile à imaginer. La nature ici est sauvage et foisonnante.

Nous grimpons des virages en graviers tandis que la forêt se tient impassible. Je ne pensais pas qu'un tel lieu existait en France, à dire vrai. À l'horizon, le ciel fait et défait les montagnes tandis qu'une branche de soleil pointe entre les ramures des arbres. Il n'y a personne à première vue. La scène immortalisée à l'argentique donne une impression d'avoir le Yukon en miniature dans le viseur et m'évoque des pages de *Croc-Blanc*.

Dans ce rêve de liberté, le temps file comme s'il allait s'entortiller dans nos rayons. Tout se passe très vite lorsqu'on vit. Enfin, tout sauf les repas. La tenancière de l'auberge nous a apporté le matin les victuailles une à une, avec la gentillesse patiente des locaux. Elle sentait la terre aride et parfois on croyait apercevoir du pollen dans sa coupe garçonne, comme si elle revenait des ruches.

Fleur quant à elle est une femme pleine de vie qui me maternerait presque dans mon expérience des kilomètres. Une vraie dure, une reine de la route. Elle sourit toujours tandis qu'elle gigote sur sa selle et grimpe à la rumeur de ses roues. Sur ses épaules, Fleur pousse avec légèreté des années de cyclo-sportive, ainsi qu'un baluchon de connaissances sur les terroirs glanées çà et là au cours de ses randonnées et de ses dégustations. Elle se retourne entre deux respirations, avant de filer devant moi.

– Tu ne sais pas grimper, Jean-Acier... Voilà, la cadence... Toujours la même. C'est les jambes qui tournent et le reste est doux. C'est « en danseuse » l'expression, pas « en bourrin ».

J'applique ses conseils et accélère régulier pour la rattraper. À la fin de l'ascension j'éprouve encore du plaisir à grimper, sentant ma transmission ronronner sous mes pédales. Voilà qui est grisant.

À quinze heures nous dévorons un sandwich de campagne dans une auberge sur le plateau d'un col. Je remarque avec étonnement que Fleur boit peu. Elle mange légèrement aussi, comme si la générosité des kilomètres compensait pour son corps d'autres besoins d'assimilation. Appuyée contre le comptoir au vernis rayé, elle mâche lentement en étudiant la suite de la journée sur son carnet de route. Elle a des jambes longues. On dirait qu'elle recherche une tâche à sa mesure. Au-dehors, dans l'encadrement de la fenêtre un chien blanc dort paisiblement comme un ours, tandis que dans le pré le jeune fils du patron va et vient sur son tracteur au milieu des foins qu'il abat.

Je me perds quelques instants à essayer de me figurer ce que Fleur imagine devant sa carte, m'efforçant brièvement d'entendre sa voix résonner en elle. J'envisage aussi d'en discuter en détail (où irons-nous par la suite, irons-nous d'ailleurs où que ce soit, resterons-nous ici ?), mais déjà Fleur se lève, encoche son casque et quitte la pièce. Il nous faut reprendre la route, car bientôt la nuit tombera pleine.

Nous descendons dans le froid du crépuscule. Des heures après, nous rentrons usés mais à contrecœur à l'auberge après un copieux dîner dans une brasserie de routiers. Le cuisinier, qui s'apprêtait à rentrer chez lui, nous avait vus arriver. Il avait remis deux couverts en nouant son tablier tandis que de l'autre côté de la baie vitrée nous posions nos deux vélos maculés de boue en équilibre.

*

La route enrubanne un pays fait de vieilles fermes, de clochers trapus et de nuages de poussière. Ensuite, nous transperçons la pluie : la campagne change et devient un égarement. Puis la grêle vient. De temps à autre nous passons devant un chien assis près d'un quatre-quatre bon marché et d'outils agricoles. Les gens ont de grosses boîtes aux lettres et s'étonnent de bruits sur le chemin attenant à leur maison. Ils sont chez eux comme moi je le serai demain, où je retrouverai la texture de bois de ma rampe d'escalier. Contre ma paume, je sentirai alors au loin un bout de ces forêts qui leur appartiennent, gisant sous les cartes.

Sur les cols nous avançons en escadrille alors que dans les profondeurs des vallées les villages commencent à se parer pour l'été. Bientôt il y aura ici de longues files de cyclistes, des concours d'artisans, des récoltes fermières. Et la montagne, tant qu'elle sera respectée, épousera les errants entre ses monts de verdure.

Pour l'heure, je redécouvre dans la nuit cette impression que ma lecture de *Vol de nuit*, roman de Saint-Exupéry, avait fait naître. À travers les hauteurs je ressens à nouveau l'ivresse de Fabien lorsqu'il survole les villageois, les voit s'affairer. J'aime imaginer leurs gestes imprécis lorsqu'ils reconduisent les troupeaux. Vu du ciel, même en moyenne montagne, on distingue beaucoup de choses : les grandes rues qui s'occupent à la journée et se referment sur leurs volets la nuit, le va-et-vient nocturne d'un facteur habitant chez lui, le linge qui sèche le long d'un grillage, à côté d'un puits.

On pourrait en parler des vies durant, de ces tombées de nuit-là, où l'on détecte la ville aux lumières qu'elle irradie au loin entre les pins. On est si proches… Et malgré cela devant moi Fleur s'extirpe des virages sous ses phares avec une agilité animale, tandis que la brise gelée commence déjà à raffermir nos muscles. Je la suis avec beaucoup plus de lourdeur, le regard happé par ses épaules fixées sur sa machine en titane. Elle est silencieuse et se fond comme une ombre dans la nuit. Lorsqu'elle ne chante pas, Fleur a cette grâce de danseuse en rythme avec des gestes doux pour les airs glaciaux qu'elle caresse.

On est ici comme au creux des mondes. Il est si facile de se croire loin, bien loin, d'un continent quotidien. Alors, en déboulant dans les cols, en rase-mottes contre la paroi, je joue à être cet aviateur de l'asphalte dans une carlingue invisible ballottée par les courants du goudron. Il n'y a ici ni les Andes ni les courriers pour le pays, et pourtant les montagnes ne cessent d'être redécouvertes par les longs-cours qui les repeuplent le temps d'un passage. Dans quelques jours viendront ici même des « pilotes » – c'est là le nom qu'ils se donnent au « Concours des Machines ». À leur tour ils s'amuseront de ce terrain de voltige jusqu'à revenir de la nuit étoilée étourdis de beauté, partageant la sensation d'avoir connu un moment unique, tel Icare, précipités dans les tourbillons des collines aux pentes continues.

Le lendemain matin, on sait qu'il faut repartir, car le jour n'attend pas. Fabien, le pilote de *Vol de nuit*, est conduit par M. Rivière comme on est puissamment emporté par le courant, mais il aime dans son cœur d'homme éprouver ces vertiges hors du monde, comme nous ce matin, qui allons répondre à la convocation de la route et nous hisser hors des plaines.

*

J'étais venu dans le Livradois sans nécessité, sans auteur non plus à honorer. Pour la première fois, je volais sans mobile quelques jours à un agenda trop rempli. Cependant, au cœur d'une nuit, j'y ai appris que Vialatte était revenu vivre non loin de là, à Ambert, après sa démobilisation. Je garde de lui cette bribe, dérobée dans le Livradois-Forez, comme un enfant cachant un bonbon dans sa poche avant de quitter un goûter : « La Beauté ne s'explique pas, elle s'impose, elle vous attrape, elle vous saisit. Quand elle vous lâche, elle laisse des bleus sur vos poignets. » Et un peu plus loin : « Ce fut un soir de printemps, où la nuit tombait vite, que Frédéric se trouva soudain en sa présence. » Cette beauté d'un soir de printemps, je l'ai découverte dans ces chemins. Dans ces contrées reculées de la France, j'ai cru pouvoir échapper à mon tour littéraire en venant sans avoir signé de pacte avec une œuvre ou son auteur. Je repars pourtant chargé de souvenirs, les jambes courbaturées, et avec des lectures de Vialatte.

V

Non-lieu

Un soir de printemps marque la première fois où je me suis réellement retrouvé par oubli dans un lieu inconnu. J'avais alors dix-huit ans et j'avais quitté Lyon en appréhendant la joie de rouler de nuit entre les sapins. J'étais un peu craintif. J'allais rejoindre Fleur à Saint-Martin-des-Olmes. Je venais de découvrir « Sensation », le poème de Rimbaud, et peut-être souhaitais-je filer sur les routes en dents de scie, « Par la Nature, – heureux comme avec une femme ». Un soir de printemps donc, l'évidence m'est apparue : la littérature et l'exploration cycliste devenaient prétexte l'un à l'autre. Je lisais pour rouler et je roulais pour écrire.

*

Retournons dans le Livradois.

Il fait noir. Une nuit claire, très claire, presque le jour – la pleine lune çà et là ouvre le paysage, si bien que j'économise mon phare en diminuant sa puissance. Je n'ai pas de moyeu dynamo, pour une fois, et c'est justifié ce soir. La lampe salirait le paysage de ses bavures. Le faisceau est maigre, je prends les virages à vive allure sous la force centrifuge de mon vélo chargé. C'est, la nuit brune et blanche, la lune des sapins. Ils m'accueillent comme des géants, branches ballantes, semblables aux passionnés qui agitent les bras sur le passage de la caravane du Tour. On croirait un Chagall.

À gauche comme à droite, des montagnes et des pics, des vallées et des devers à s'en donner le vertige. L'atmosphère est étrange. Bruits d'animaux, petits yeux de lapins qui déboulent dans les talus. Tout y est. Ce vent froid anime le tableau d'une beauté impassible. Je pédale là, dans des cols, tout seul, sous le noir broyé et à des heures de chez moi. Mes jambes elles-mêmes semblent devenir des cannes de pin à mesure que la route projette ses copeaux et sciures. Les cimes sont si nombreuses qu'elles forment une mer, avec ses vagues et ses courants de couleurs différentes. Parfois, l'homme a allongé les arbres sur leur flanc, laissant en moignons leurs squelettes dépecés. Je ne sais que très vaguement où je dois aller : au bout de la départementale, Ambert. Les heures s'écoulent. La nuit estompe progressivement les repères, jouant son rôle d'un M. Loyal présentant le spectacle à venir. Je prends en filature les lignes blanches peintes sur la route. Mes gommes ronronnent en zigzaguant entre les arbres. Je n'ai pas croisé une seule voiture depuis deux heures. Le Livradois est asphalté de délice, pas un nid-de-poule, pas une aspérité – sport de glisse. Les sentiers d'exploitation ont fait de moi un homme heureux d'avoir été invité par surprise du silence. À quelques lacets de là, je passe encore un col – littéralement un *col* : des deux côtés de la piste les montagnes se redressent. Suis-je encore loin ? J'ouvre mon téléphone : pas de réseau, même pas d'itinérance. Personne. L'impression de solitude ici est complète. J'éteins tout, ne laissant que la lampe arrière. À la lueur d'une lune perçant entre les conifères, je déroule les jambes dans les virages endormis. C'est à la fois inquiétant (j'ai toujours grandi dans le tumulte des villes) et profondément apaisant. Un tout petit homme au cœur des reliefs. Enfin, je pose le vélo contre un tronc et m'installe, dos à l'écorce, à guetter le calme que je ne perturbe plus.

J'ai l'impression de partager l'ordinaire de ces épineux accueillants, d'être entré soudainement dans une église au milieu d'une messe où les uns se levaient derrière les autres pour l'eucharistie. Sans plus aucun repère, j'assimile les bruits et les localise alors que cette assemblée de sapins me paraissait silencieuse, tranquille. Simple façade. Le silence existe-t-il ?

À présent les chemins se poursuivent, les craquements reprennent et ma présence ne dérange plus. Dans la forêt de troncs striés, les bruits se réveillent à mesure que je m'efface, la nuit n'est jamais silencieuse. Il y a ceux qui flânent, ceux qui chantent, ceux qui chassent et ceux qui planent. Chacun, petits et grands sur leurs bancs de pin, connaît sa partition. Les sons me rattrapent, les yeux dans le vague. Je m'étais hissé jusqu'à la forêt avec des gestes trop brusques. Je me calme.

Lorsque je plie ma nuque une coupole s'est formée. En son centre, la lune est une rotonde fraîche et lumineuse. Des souvenirs d'une visite avec ma classe de latin au Panthéon à Rome me font voir ces conifères comme les colonnes d'un ciel amovible et la lune comme un léger cadrant horaire qui illumine les branchages. Marguerite Yourcenar s'invite contre le sapin d'à côté, genoux repliés comme une jeune fille, et je l'entends lire sa page de *Mémoires d'Hadrien*. « J'avais voulu que ce sanctuaire de Tous les Dieux reproduisît la forme du globe terrestre et de la sphère stellaire, du globe où se renferment toutes les semences du feu éternel, de la sphère creuse qui contient tout. » Plus loin, elle complète dans la même candeur intellectuelle : « Ce temple ouvert et secret était conçu comme un cadran solaire. Les heures tourneraient en rond sur ces caissons soigneusement polis par des artisans grecs. » Ici, seules les cuirasses des arbres s'ombragent dans leurs replis. Les pins, dressés vers le ciel, sont parés de robes d'écorce, en tenue de messe, comme si des coquilles d'huîtres étaient fixées au tronc par le lichen. Le spectacle donne une impression d'assemblage de morphologies issues de mondes différents : les huîtres sortent de l'océan et grimpent aux arbres pour devenir végétales, enserrant l'assemblée, tandis que les cimes ondulent en rythme comme sous l'impulsion d'un chant d'étoiles. L'homme au milieu n'est qu'un rocher dont le cœur frémit tandis que le corps se ride. Je me sens apaisé mais à l'étroit, comme doivent l'être Victor Hugo, Émile Zola, et Alexandre Dumas dans la petite « cellule » qu'ils partagent à jamais au Panthéon parisien. Une certitude point désormais, celle que la vie doit se faire dans les bois et la mort dans la pierre. Bachelard disait : « [...] devant ce monde inerte qui ne vit pas de notre vie, qui ne souffre d'aucune de nos peines et que n'exalte aucune de nos joies, nous devons arrêter toutes les expansions, nous devons brimer notre personne ». Il réprimerait peut-être chez l'homme expansif que je suis ma sympathie pour le lieu. *Note* : Apprendre à être plus taciturne. Feindre le silence est saine précaution.

Totalité d'un monde qui fabrique des individus formatés. Les uns plongent la tête dans les étoiles toute leur vie, les autres dans le langage : mathématique, littéraire, physique. Une condition de phénomènes. Comme si chacun choisissait sa science, son expression pour trancher avec le réel de sa raison au monde. Pour moi, la littérature et l'aventure transforment ce qui advient, l'expérience, en conscience.

La cérémonie continue. Le bois grouille quand je n'ai vu d'abord qu'une forêt éteinte, dans son silence. « Silence » n'est pas le bon mot. « Bruissement » ?

– y a-t-il un mot pour la vie des sous-bois ? Au loin un ruisseau tarde encore à se vivifier et les animaux doivent attendre en lisière mon départ pour aller boire au calice. Comment serait une semaine ou un mois de vie ici ? La lune ressemble à la Beauté de Baudelaire, au loin elle murmure ses vers…

> Je suis belle, ô mortels ! comme un rêve de pierre,
> Et mon sein, où chacun s'est meurtri tour à tour,
> Est fait pour inspirer au poète un amour
> Éternel et muet ainsi que la matière.
>
> Je trône dans l'azur comme un sphinx incompris ;
> J'unis un cœur de neige à la blancheur des cygnes ;
> Je hais le mouvement qui déplace les lignes,
> Et jamais je ne pleure et jamais je ne ris.
>
> Les poètes, devant mes grandes attitudes,
> Que j'ai l'air d'emprunter aux plus fiers monuments,
> Consumeront leurs jours en d'austères études ;

Car j'ai, pour fasciner ces dociles amants,
De purs miroirs qui font toutes choses
plus belles :
Mes yeux, mes larges yeux aux clartés
éternelles !

Alors que se tient la messe dans laquelle le cœur joue, je partage des rumeurs d'église avec Causette : ma bicyclette est le seul élément connu à mes côtés. Je suis nulle part et anonyme dans un lieu où je ne fais que passer.

Face à tous ces sapins, je ne peux retenir un sourire. J'entends intérieurement un de mes amis me dire : « Ça fait un paquet de meubles à vendre, ça, dis donc », tandis qu'il referme sa montre en cuir autour de son poignet.

Plus haut, un sentier à ornières lamine le sous-bois et tourne à angle droit avant de s'enfoncer vers les profondeurs de la forêt. La masse de rais lumineux flotte au-dessus comme sur toute la pénombre, sans percer jusqu'au sol mais en y dessinant des formes. De jour, cette voie serait anodine. Sans heure ni localisation précise, j'y vois un couloir vers le terrier d'Alice. L'égarement est total : je me suis perdu dans ce monde que je pensais être notre propre demeure… Ayant renoncé à trouver la bonne direction, délié d'impératif et de repères, les nefs de la forêt m'ont bercé. Dans ce grandiose, il me semble avoir dépassé la solitude, rencontré l'instant fatidique où l'on admet ne pouvoir gérer seul tout ce qui advient. Comme les arbres sous mes yeux ramifient l'espace, il me faudrait témoigner de mon bonheur avec celle à qui je pense même dans ces lieux. Peut-être qu'à ses côtés je n'aurais rien vu de plus... Je murmure à mon vélo : « Nous pourrons revenir ici ? »

*

La première fois que je me suis égaré, j'allais rendre visite à Vialatte. D'ailleurs, lui-même constituait un imprévu dans mon voyage littéraire. Au départ, je pensais plutôt emmener ma bicyclette vers le panthéon scolaire : Hugo, Balzac, Proust, Rousseau, Saint-Exupéry, Stendhal, Verne, Zola, pour les citer. La plupart d'entre eux deviendraient effectivement une expérience de mon errance, mais à l'orée des forêts j'étais tombé sur Vialatte, comme on tombe sur un loup sauvage. La rencontre m'était inattendue, mais pas réellement involontaire car j'avais pris goût à ses pages. C'était plutôt l'une de ces rencontres surprenantes, qui m'avait laissé un souvenir intense, comme un songe de douceur. Et ça me plaisait qu'un adolescent rêve d'exotisme en pensant à Vialatte, en souvenir des *Fruits du Congo* qui m'avaient propulsé dans une ville auvergnate comme dans une forêt africaine.

Vialatte aimait lire de tout. Il citait, ciselait et écrivait par touffes. Son écriture invite encore à faire éclore le hasard dans nos lectures – grande joie de la pérégrination littéraire. J'avais compris durant cette halte livradoise, après avoir quitté le réseau des voies rapides pour les forêts, que c'était aussi une des richesses essentielles de l'aventure que de faire advenir l'imprévu ; le surgissement d'un chevreuil dans les derniers lacets du col du Béal, le trouble de la météo ou de la cartographie : tant d'apparitions étonnantes témoignaient de l'expérience du détail, du discontinu. Le souvenir d'un homme, fragmentaire, façonne l'unité des forêts et lie leurs heures comme un souvenir passé à la râpe.

*

En décidant d'aller visiter les maisons d'écrivains ou les lieux qui leur ont été chers, je me suis glissé sans m'en rendre compte sous une grande bibliothèque. Quelques livres la supportent, d'autres regorgent de désirs ou les complètent.

La visite des lieux fut identique : certaines me laissèrent sur ma faim et furent bien peu loquaces. À travers le déplacement que je créais petit à petit, j'arrivais à récupérer des restes ou des rebuts dans les œuvres, dans les demeures. Puis les textes les plus forts sont revenus à moi instinctivement. Maulpoix, par exemple, m'a avoué au détour d'une digression qu'il ressentait encore, quelque part contre son palais, la douceur de ce raisin tout juste éclaté sous sa dent, alors qu'il venait de le chaparder sur la vigne des Charmettes, un beau jour où il visitait ce temple pour rousseauistes. J'ai moi-même encore dans la bouche ce parfum suave – presque une fragrance de corps – qui venait de s'y déposer tandis que je mangeais une pomme à Valvins, dans la maison que Mallarmé louait pour passer les beaux jours à canoter sur la Seine. Pourquoi ces souvenirs ?...

Peut-être est-ce dû à la faim du pédalage, à la fois régulier et plein d'alternances. À cet appétit du cycliste qui le rend à ses pensées comme par inadvertance, ou au contraire par réaction à ce qu'il traverse. Entrer dans une maison d'écrivain procure quelquefois la même sensation que découvrir un festin mérité : on savoure, on ferme les yeux, on étend les jambes, et plus rien ne persiste que cet idéal qu'il faudra bientôt rabattre en s'en allant. Lorsqu'on se retrouve au milieu de paysages directement évoqués dans les écrits, comme la table de Rousseau et Mme de Warens, on éprouve parfois la stupéfaction de découvrir une maison que nous aimerions nôtre. Le patrimoine, ce n'est rien que cela après tout, une maison en pierre d'Île-de-France en bordure de Fontainebleau, la douceur de se savoir nulle part désormais, à cheval sur des époques, des lieux, des écritures. Étranger à jamais de nos hôtes malgré l'étonnante familiarité des demeures, l'intimité de leurs objets, la vitesse prodigieuse à laquelle on recrée les mondes. Le drame est là car il contient le bonheur : lorsque l'on visite ces maisons, on n'est qu'un bout de matière en plus, qu'un amas qui déplace la poussière d'époques révolues et du génie qui a quitté les lieux… Pourtant, l'exploration de l'intime d'un auteur peut être d'une grande richesse : on tient dans son regard la distance entre l'écrit et l'homme, on plonge dans une exhibition brutale des détails d'une vie, on examine alors le réel pour recréer la langue et ses capacités. Mais peut-on seulement mettre un terme à ce travail ? Peut-on seulement explorer à satiété un lieu où l'on ne sera jamais vraiment ? Un pays qui contient plus que sa mémoire ?

Je me suis placé maintes fois, à mon insu d'abord, dans cette situation hors repères. À bicyclette, on entre simplement dans le domaine du momentanément inconnu, dans l'antichambre des sensations décuplées par l'absence de repères et de familiarité.

Dans la forêt en route vers Vialatte, j'avais entendu des noms de couvertures. Il faut dire que son œuvre résonne joliment dès ses titres éclectiques : *Les Fruits du Congo*, *La Paix des jardins*, *Dernières Nouvelles de l'Homme*. Roman, poésie, chronique. Autant d'invitations qu'il faut considérer lorsque l'on erre seul dans la nuit livradoise.

Plus tard dans l'année, un mois peut-être après mon retour du Livradois, j'ai pris la route à destination de Barcelone. Comme une trentaine de cyclistes (il y avait Fleur), nous sommes partis de Vézelay et notre pédalage nous conduisit sans assistance quelconque de l'extérieur, en moins de quatre jours, environ mille kilomètres plus loin. Dans ce genre d'aventure, nous ne sommes plus des voyageurs mais des passagers. Nous glissons dans un courant qui pousse les jambes vers la Méditerranée en reliant les cathédrales. Des amitiés naissent, des vies entières d'apprentissages se synthétisent en quelques jours. Après les clochers de Clermont-Ferrand, du Puy-en-Velay et de Montpellier, il ne me restait que celui de Perpignan avant d'atteindre la Sagrada Família. Mais un incident, fruit d'un nouvel égarement, a marqué le terme de mon voyage, et sa réception dans ma mémoire.

*

Dieux des cartes, je vous maudis ! Poséidon, Neptune, Michelin : je vous bafoue ! Si je croise votre chemin… Satanés plans d'efforts vains !

Je gis dans les silex épars et les melons, mon vélo est fracassé, agité comme un cheval qui s'est rué dans un rapide – l'eau en moins. Comme trop souvent cet été, je n'ai rien trouvé à boire. Ma carte me faisait confiance, naïve – elle fait donc sa froissée. Le spectacle est navrant : je l'ai survolée sans comprendre que je faisais fausse route. Désormais elle traîne une débâcle de mécanique et de pièces détroussées. L'ironie veut que j'insulte ma seule planche de salut, fine compagne d'infortune témoignant de mon incompétence à écouter sa parole muette.

Je suis comme Christophe Colomb, mais à Perpignan : ma découverte n'est pas les Amérindiens, elle n'est pas un continent ; j'ai trouvé des melons mais j'ai perdu mon chemin.

Je ne peux croire à ces passages inexistants sur les cartes, ces flottements entre les traits, alors que je suis en plein sentier battu par les locaux depuis des années. « Échelles » ?… Je ne vois que des vides.

La falaise devant moi, flancs blanchis d'une mine ouverte, s'étire et tombe. Je me suis perdu après Narbonne dans les grèves oubliées de l'urbanisation et poreuses à l'homme. J'ai *judicieusement* pris la route en solitaire, lâchant le groupe qui dormait encore à Béziers, pour tracer jusqu'à Perpignan. Le « judicieusement » tourne en boucle dans ma tête accompagné d'un rictus de benêt. Il n'y a qu'un rire d'énervement qui sied à cette idiotie d'inexpérimenté : vouloir aller plus vite que le Soleil. Réveillé en sursaut, perturbé dans l'un de mes rares cycles de sommeil comme un ours comateux d'avoir été secoué de son hibernation, j'ai sauté en selle sous le feu de l'empressement. Ma lucidité s'est fourvoyée quand j'ai décidé, après sept cents kilomètres de bicyclette sans trop dormir, de faire cavalier seul pour rejoindre Perpignan avant le lever du jour. Par les terres.

Jusqu'à Narbonne, c'était bon. En quelques cadences, après un arrêt dans un petit supermarché nocturne pour faire des réserves de *fuel*, j'avais continué. Je suis arrivé dans la ville encore pâteux de la sieste, cherchant à manger, devant mes roues, les yeux épuisés. Idée pour un tableau de Hopper : *Fuel* ; un jeune homme débarque en collant, vélo boueux invité avec lui, dans une sorte d'épicerie 24 h/24 pour faire le plein de calories. Confrontation avec la face éteinte du caissier de nuit qui attend le caissier de jour.

Ensuite il y a eu ce compteur qui tintait encore et encore jusqu'à ce que je n'aie plus qu'une envie : l'encastrer dans la mine à ciel ouvert que j'apercevais au loin. Il criait sa détresse pour me dire : « Hors Parcours. » Comme si je l'ignorais ! Il était infect, mais j'avais besoin de ses capacités à, magnanime, me conduire, comme on reconduit chez elle une dame après un bal. Et c'est justement quand je ne trouvais plus mon chemin par les cartes qu'il a joué la défaillance. Aussi, alors que précisément j'intentais à mon ego le procès courroucé de ma perte, il a bombé sa carcasse et à son tour a joué le capricieux. Il me faudra composer sans lui la partition de mon irritation.

Au-devant, les nuages dégoulinaient sur la terre dorée.

Dans la caillasse, mon dérailleur et son support vissé à l'arrière de mon vélo ont explosé. Ils ont entraîné avec eux la chaîne emmêlée, mon premier bonheur de me croire bien lancé sur la route, et quelques larmes.

Après…

C'est un mystère.

*

Lorsque l'on voyage sous l'emprise de la fatigue, il est fréquent de se sentir dans un non-lieu. Une sorte d'espace intermédiaire entre le réel et l'hallucination, un endroit sans identité personnelle, un flottement, une nébuleuse. C'est un constat étrange. On est précisément quelque part, où l'on éprouve le voyage, mais si vite, on est déjà ailleurs… Retracer le courant qui m'a ramené jusqu'à ce jour de juin après Narbonne me semble évident et pourtant, lorsque je m'y essaie, il m'est impossible, à cet instant encore, de me figurer comment je me suis retrouvé hagard au milieu d'un champ de melons avec mon dérailleur et ma chaîne en morceaux.

Je me revois, petit enfant trempé sur mon catamaran. J'avais huit ans, on m'avait confié un Hobie Cat FX One pour que je fasse mes preuves. Ce genre de catamaran est très bas sur l'eau et procure d'immédiates sensations de vitesse. C'était une machine rapide à la barre. Alors que le vent s'était levé, je m'étais débrouillé en rentrant le foc, mais, très vite, mon poids n'avait plus suffi à calmer le gîte. Je m'entends encore dire : « J'ai dérivé. »

Dix ans après c'est toujours la même honte de l'imprévu.

Les autres cyclistes étaient disséminés comme une poignée de sable. J'étais seul. Devant et derrière, sur les côtés, les rouleurs louvoyaient dans les plaines balayées par les vents âpres. J'ai tourné dans les exploitations, errant comme un chien cherchant son logis, pendant environ une heure. Je cuisais comme une viande. Je me sentais dégoulinant, intrus d'une photographie de Depardon où la vie a déserté pour laisser les ombres combattre le soleil. La lumière partout entrait dans mes pores. La pluie s'est levée et a bientôt floqué ma doudoune sans manches. Je ne la sentais plus sur ma peau. J'avais envie de déchirer mes cartes, de sauter sur les morceaux éparpillés comme des bouts de nuages. J'avais roulé corps et âme sur le bitume, le gravier, sous le ciel étoilé, dans la tramontane et dans l'alcôve de la pluie qui s'épanche. J'avais connu des amitiés sans égales, découvert des personnages fascinants. Sans plus de monture, au milieu de nulle part, incapable de localiser où je m'étais trompé dans mon parcours, j'avais l'impression d'avoir attaché ma ceinture dans un avion n'allant pas au bon endroit.

Je m'entends encore dire : « J'ai dérivé », comme un pingouin gêné par le gilet de sauvetage et le néoprène de la combinaison.

Tels sont les non-lieux : des impasses de notre propre condition. Avant Perpignan, j'ai osé imaginer l'abandon. Je me suis endormi dans un fossé sec, alors que je venais de retrouver la route à pied, faute de pouvoir réparer dans cette brousse. Les Pyrénées, l'occident de l'Europe : je voulais les chevaucher pour éviter la déception de m'arrêter avant les routes où le soleil s'incline. C'est amusant, car j'ai pensé ce jour-là à « Rougeur des Matinaux ». Les mots de René Char m'ont trouvé, comme une décharge d'adrénaline. « Impose ta chance, serre ton bonheur et va vers ton risque. À te regarder, ils s'habitueront. » Ce sont les mots d'un rêveur qui se met à agir.

Par la suite ce sera Saint-Léger, un homme d'une force mentale sans pareille, qui m'aidera à me sortir de cette mer de graviers dans laquelle je m'étais empêtré. Saint-Léger et aussi Royer, mon ami de longue date, qui a ri en me trouvant allongé au milieu d'un talus ocre, assoupi. L'un porte sa gapette comme l'auréole d'un saint tandis qu'il se hisse sur son pignon fixe en haut des cols. L'autre est une voix fédératrice de troupeaux égarés dans l'obscurité.

Ma draisienne ne pouvait me conduire plus loin, tel un cheval qui se couche sur le flanc à l'entrée d'une ville. Elle avait fait sa bête craintive, peut-être de la *Reconquista*, qui s'affaisse avant d'entrer dans la péninsule Ibérique.

Deux jours sans abuser de sommeil, deux jours sur la bécane – le Morvan et ses collines verdoyantes de brume, la descente sur Alès. Tout cela d'un trait de feutre sur la carte de France jusqu'à cet incident.

Avec Royer, je suis parvenu à repartir en bricolant tant bien que mal ma bicyclette pour les deux cents derniers kilomètres à travers les Pyrénées – il se tenait derrière moi, ne sachant quoi dire, tandis que je retordais avec des outils de fortune la patte du dérailleur. Il m'a regardé une dernière fois, voyant qu'il n'y avait rien à faire, et m'interrogea.

– Tu vas donc finir le parcours avec une seule vitesse ? Rattrape Saint-Léger et tu trouveras un lit et de l'eau glacée pour la nuit.

J'ai remercié mon berger de m'avoir reconduit au troupeau et j'ai repris la route.

La suite en effet fut une ode à la liberté, un bonheur cent pour cent brut de béton armé. Notre collectif amical faisait halte pour se baigner à Collioure, ou pour faire les pitres en haut de la frontière désaffectée entre la France et l'Espagne, dans les Pyrénées. Une alternance de croissants aux amandes, de sandwichs aux anchois et autres tapas nous a emmenés jusqu'à Barcelone – ville du danger indompté – par les paysages défilant comme de la dentelle dans les talus de la Costa Brava.

Tout m'avait brûlé : jambes, joies, journées. J'étais vivant triple épaisseur dans ce pays : chair à vif, yeux à chaud, et mains noircies par le cambouis.

La veille de ma visite à la Central del Raval, j'arrivais à Barcelone avec une fierté pleine d'amis, une double périostite et un vif intérêt pour les tapas.

*

La première question qu'un Grec *antique* posait à un errant était : « D'où viens-tu ? Quelle est ton histoire ? » Il y a du charme à faire la généalogie d'une rencontre. Mais que répondrions-nous aujourd'hui, nous qui voyageons en voiture ? « Je viens de l'A6 » ?

J'ai voulu à mi-chemin retracer ma fascination pour l'errance, car elle ne semble plus autorisée pour personne. Le *Wanderer* est considéré non plus comme celui qui se fabrique un savoir, mais comme un marginal. Le voyageur est devenu un passager, un client, un objet à séduire par le confort et la reproduction d'une fantaisie de voyage.

Lorsque les Français ont pris la route, ils se sont mis à explorer le pays. Le premier Tour de France à bicyclette était plutôt une affaire de pionniers que d'athlètes. Durant leurs périples, les hommes se rechargeaient en vin du terroir, allaient chez les habitants et apparentaient des régions de France à leur accent. Plus tardivement, je revois ces souvenirs de grandes vacances à travers Doisneau, qui a réalisé plusieurs clichés de vacanciers à bicyclette. L'âme de ces voyageurs a été préservée par le regard juste du photographe. Eux ne sont pas pleinement des cyclistes : ils ont simplement trouvé là un moyen de locomotion peu coûteux, enivrant, une manière d'être dans ces paysages propices aux flâneries des vacances que l'on découvre alors.

Leurs montures importent moins que leurs sourires. Certaines femmes portent des robes légères et tirent des carrioles, des jeunes filles se tiennent à l'arrière du tandem parental, conduit par un homme en marcel alors qu'elles sont tout en chignon.

Il y a quelques années, ces deux époques de la « petite reine » ont semblé étouffées par le culte de la vitesse. Rouler à bicyclette le nez au vent n'était plus qu'un imaginaire irrecevable, d'un autre temps, en décalage avec les efforts collectifs en faveur de la motorisation ou avec l'image du Tour de France poussant les cyclistes à la seule performance. J'appelle ça les « années autoroutes ». Ces voies dont nous sommes encore prisonniers à bien des égards charment parce qu'elles sont confortables, rapides, impersonnelles. Grâce à elles, des familles ont pu venir vivre à la campagne, qui dès lors est devenue un peu moins la campagne, et des réseaux ont été développés à travers la France qui ont permis, par exemple, de partir en vacances sur les fronts de mer éloignés.

Ces « années autoroutes » incarnent pourtant le règne d'un non-lieu entendu ici comme ce qu'en a conceptualisé Marc Augé (dans *Non-lieux*). On ne voyage nulle part grâce à l'autoroute. On passe, on va quelque part, mais on ne voyage pas. Tout au mieux, on reproduit les conditions essentielles à une sensation de voyage : le panneau historique indique un patrimoine que nous n'irons pas voir mais que nous aurons le sentiment d'avoir fréquenté, notre corps aura l'impression d'être immobile tandis qu'il sera projeté à plusieurs dizaines de kilomètres à l'heure, et la croyance en notre liberté s'imposera alors que nous resterons en définitive sur un chemin prédéfini par des contraintes techniques propres à des équipementiers inconnus.

Peut-être est-ce cette illusion d'accès facile qui fait rêver les amateurs de voyages en voiture. On se sent vite puissant lorsque l'on écrase la pédale de l'accélérateur et que le moteur vrombit. Je m'amuse de cette relative puissance chaque fois que je croise une voiture avec un seul passager, empêtrée parmi tant d'autres dans les bouchons.

Peut-être est-ce surtout l'aseptisation qui séduit : les accidents sont rapidement effacés, gommés, les péages sont maintenus silencieux et la route n'offre que des variations sensorielles moindres. Dans l'habitacle, les odeurs sont estompées, la vitesse est tue, les sons ne parviennent pas toujours. L'autoroute est un copier-coller d'une route sur un paysage écrasé.

Mais depuis quelques années à nouveau des vacanciers retournent à la nature, avec leurs animaux, à bicyclette, en marchant ou en ramant. Ils font le choix plaisant de refuser le déplacement rapide, de quitter les non-lieux. Ils vont à Sète, à Biarritz ou à Royan. Ils traînent dans les gares quand les trains cessent leurs caprices, dans des épiceries sans enseigne, puis déjà on les retrouve au milieu de nulle part à vouloir ressaisir une vie paisible, délocalisée elle aussi. Le vrai jeu est là : dans cet examen bancal et impossible du réel auquel nous nous efforçons en nous contraignant joyeusement à essayer de voir le monde. Souvent, cela s'accompagne d'une forme d'intensité, d'un excès de soi, du choc des kilomètres. L'expérience se transforme en conscience. Alors seulement le travail peut commencer, cette recherche par la perte des repères ou l'éloignement de soi, naît d'une décantation des sens. On y retrouve sa langue, on y palpite pour tenter de découvrir sa capacité. Pendant ce temps les avatars tombent, les ondes se taisent un peu, et ne persiste que cette présence, comme un défibrillateur du monde sur nous-mêmes, qui sort les impératifs de leur foule anonyme pour les rebrancher sur nos imaginations. Et on connaît enfin la valeur du souffle.

Comme d'autres, j'ai longtemps craint de m'égarer. Puis je m'y suis fait, j'ai pris goût à cela, tout en limitant mes erreurs à force de revenir en arrière. Mais les lieux que je ne parviens pas à restituer n'ont pas été qu'un retour en arrière. Ils m'ont révélé, à leur manière, le monde autour de moi, et c'est en me perdant que j'ai le plus appris : à me faire confiance ou à être humble. En définitive, il y a une sorte de délice enivrant à se perdre dans des endroits reculés. Ne jamais vouloir se risquer hors des sentiers balisés est une chose d'homme pressé, la preuve d'une attention éteinte. L'exploration paisible joue comme le fusible d'une vie.

Le « chemin des cathédrales » est l'un des rares vagabondages où j'ai connu la détresse, si faible puisse-t-elle paraître, avant de faire appel aux bienfaits du monde civilisé, motorisé, et connecté. J'ai pourtant éprouvé parfois d'autres difficultés, mais c'est ce jour-là que j'ai rencontré ma solitude de voyageur. Néanmoins j'en garde un bon souvenir. D'ailleurs ma première parution dans la presse cycliste mentionnait les mots suivants : « Quand nous arrivons à sa hauteur, Jean-Acier est endormi dans un fossé. » J'ai imaginé la tête de mes proches quand ils liraient ces lignes. Entre mon prénom et l'action déraisonnée, j'avais fait mon entrée dans les papiers à la russe. Couché à l'arrache.

VI

Le mythe de Sisyphe

Entre Marchampt et le lac des Sapins (Beaujolais), depuis Lyon.
Hiver 2016.

L'hiver était revenu tardivement, bien des mois après mon escapade en Flandres. Yourcenar, les frites de Chez Dédé que j'avais partagées avec un ami quelque part en Picardie, c'était tout un monde enfoui qui s'éloignait. L'hiver était revenu et avec lui les visages rougis par le gel et les rires pleins de buée. Dans les campagnes, les sportifs s'étaient chargés de gros vêtements et ils avançaient avec balourdise au milieu des nouvelles neiges. Chaque plateau gelé devenait plus rustique, les éclats de rires perçaient plus profondément les arbres, et on entendait plus rarement l'envol des oiseaux.

Les visages rougis par le froid surgirent des chemins et des bibliothèques, l'heure du café arrivant.

Nous sommes en décembre, le week-end où Lyon célèbre la fête des Lumières. J'ai quitté la grisaille de la ville au petit matin pour partir dans le Beaujolais et rejoindre le lac des Sapins, à une centaine de kilomètres. À travers ces longues heures de pédalage, j'ai prévu de me réconcilier tant avec le vélo, délaissé pendant des mois, qu'avec le temps que l'on consacre à soi-même. Je me suis lancé sur la route des vins à bicyclette, dans ce que je pense être l'entracte de mon voyage. J'erre sur les routes des monuments de la littérature depuis des mois. Je ne souhaite alors rien d'autre qu'une promenade sereine dans la nature, ce à quoi se prête bien la bicyclette. Les lettres, au réveil, m'apparaissaient lassantes et usantes, je voudrais presque les quitter.

À midi, la salle tout entière de l'auberge est à moi. Il y a de larges radiateurs de fonte et une véranda qui ouvre sur l'étendue d'eau inerte. Le bonheur m'enveloppe comme une lumière. À peine ai-je fini mon déjeuner que j'emprunte de quoi écrire. Je suis parti avec tant de distraction ce matin que j'en ai oublié mon carnet et son crayon rongé.

Toute la matinée avant de noircir du papier, je n'ai cessé de me battre avec le froid. Un beau froid aux allures de chrome oxydé et pour lequel je n'étais pas préparé. Sur le bord de la route près du Bois-d'Oingt, des vaches à poil long m'ont regardé passer. Le cafetier me renseigne : ce sont des Highland. Je bois une gorgée trop chaude qui me poinçonne la langue en contemplant le paysage par la baie vitrée. C'est un samedi comme je les aime ; le ciel semble pur, comme un carreau que l'on a nettoyé le matin même, et un couple de jeunes adultes conduit ses enfants sur une rive du lac, inondée d'ombres et de lumières. Les deux garçons traversent ces contrastes tandis que leurs parents les mettent en garde contre le froid. Ils glissent sur le givre du sous-bois et dérapent vers les rayons de soleil, suivis par un cortège d'ombres chinoises. Les enfants s'ébrouent et rient aux éclats comme deux compères heureux, je me sens apaisé. Ailleurs, l'atmosphère de Noël s'est muée en poison et je ne parviens pas à voir de sens dans ce capharnaüm. Il y a trop de monde dans les rues, trop de choses insensées à accepter et à comprendre, trop de défaillances étouffantes. Ici, je me sens plus loin de ces incertitudes et de ces désordres sur lesquels je n'ai aucune prise.

Un bruit sourd résonne. Un second.

Les enfants se précipitent vers leurs parents et attrapent leurs jambes comme ils s'accrocheraient aux piliers d'un temple. Les aînés scrutent l'horizon, et la serveuse croise mon regard avec une gêne mondaine en elle. Il n'y a qu'un brouillard.

Ce n'était finalement qu'une pile de palettes qui a claqué au sol en dégringolant sous l'effet du vent.

La peur flotte dans l'air, partout, à tout moment. Absurde – étrangère avec qui on se familiarise sans y croire ; fatale, derrière des gestes haineux et des discours égarés. Les gens la gardent quelque part en eux, malgré un regain de beaux jours sans horreur.

Rien donc qu'une pile de palettes qui claquait sur le sol ; la vie peut reprendre son cours. Je me remets à l'écriture tandis que la jeune femme de l'autre côté de la véranda décrispe ses doigts, refermés sur sa médaille au ras du cou. Les enfants reprennent leurs glissades.

Lorsque l'on pédale seul avec son ombre on est léger et on observe alors spontanément, dans la courbe d'un virage ou sur un bas-côté, le givre qui apparaît dans une forme inattendue. La glace, qui s'est collée dans les hauteurs des collines et au bord de la route, ralentit ma progression. Ma roue arrière, lorsque je me mets en danseuse, patine sur le verglas et me contraint à apprendre une conduite plus légère, comme sur des œufs. Pas de gestes brusques. Le Beaujolais me surprend : les montées sont rudes et je dérape en perdant la traction de mes pneumatiques. Même les descentes sont hasardeuses, car derrière la buée de mon masque de ski je dois trouver un passage sans neige sur la route quand cela est possible. Et puis, chaque fois, sans trop comprendre où cela peut bien me mener en définitive, je recommence à monter pour redescendre. J'ai l'impression d'être Sisyphe, le grand supplicié qui ne cesse de pousser son rocher en haut de la montagne sans pouvoir l'empêcher de retomber dans la vallée. Toute la journée j'enchaîne les montées et les descentes. Je pousse. Je tire. Infinie vacuité de l'existence. Les coteaux sont raides, les vignes d'hiver sans distraction. Rien ne manque à mon enthousiasme. Peut-être après tout est-ce bien ainsi ; si j'avais soupçonné les récompenses de la journée, j'aurais sans doute ruiné mes efforts. Chaque mètre que je grimpe, je le chamboule en sens inverse. Je pousse et je tire encore, cette fois en rythme.

Seul, je convoque alors mes lectures pour pallier ma condition de piètre grimpeur et retrouver mon équilibre. L'ironie est que j'ai souhaité pédaler pour quitter mon voyage littéraire, n'en pouvant plus d'essayer d'exhumer des indications sur les textes que j'aime dans la vie de leurs auteurs, comme on fouillerait un sarcophage à la recherche de pièces d'or.

L'ironie, donc, est que je me sens proche de Sisyphe et de Camus, qui s'est d'ailleurs marié quelques jours plus tôt, il y a de cela des années, avec Francine (à l'hôtel de ville de Lyon, le 3 décembre). Je ne roule plus en pèlerin, je roule presque accompagné par ces textes qui m'entourent. C'est bien lui... Sisyphe. Plus que jamais alourdi par sa propre faiblesse – car je suis jeune homme et déjà je songe à une retraite dans cette portion de forêt. Lui, Camus, rêvait de l'algérienne Belcourt dans le contraste humide de la rue Mouffetard. Je pense à l'Italienne qui, dans les vacarmes de la capitale, m'attend justement rue Mouffetard. Pour une fois, l'évocation de Belcourt ne me ramène pas à mes cours d'histoire coloniale. Je m'éloigne de ce monde à mesure que je me hisse dans les cols plantés de sapins et que je rencontre des troupeaux gigotant dans le gel. Sous le soleil et parmi les scieries, la place Bellecour pourtant si proche n'est plus qu'un vague souvenir de gravier ocre. Dans la ville, je ne suis pas *arbre parmi les arbres*. Je trouve refuge à la bibliothèque comme on me retrouve sur les chemins de campagne.

Ce n'est pas la vie de Camus qui m'invite à me promener ici. Ce qui m'attire ici, à Poule-les-Écharmeaux pour le lieu, au lac des Sapins pour l'écrit, c'est enfin d'accepter de vivre sans appel, sans aide de la religion, de l'école, de la passivité. Chaque jour et à chaque sortie, je veux presque m'exalter à la tâche de rendre le temps mien, malgré l'écrasante réalité... Camus, c'est un peu cela parfois. C'est vrai pour *Sisyphe*, mais surtout pour *L'Étranger*. « Aujourd'hui, maman est morte », dit la première phrase. Camus est un embrayeur maximal de la subjectivité. Le type change les vitesses du monde comme je passe mes pignons. Un déictique, clic-clac, on est dans la fiction d'un homme déjà mort qui nous écrit depuis sa prison. C'est l'histoire de l'homme...

C'est l'hiver et je regarde mes traces dans la neige. Tout est venu si simplement. D'abord, l'idée d'un tour de France littéraire, puis ses révélations. Je me demande même devant le lac gelé comment j'ai réussi à vivre aussi longtemps hors de cette disposition de l'existence. Elle est une soudaine preuve d'humanité. Sur ces routes de

France se confirment un plaisir à explorer et un désir littéraire. Sur ces routes de France se retrouve la foi des rencontres. Seulement... C'est qu'on est parfois déçu dans la maison d'un écrivain... La préservation peut en être bonne, voire mobiliser les efforts d'une armée de passionnés, la plus durable des choses qu'il ait pu faire n'en reste pas moins d'avoir écrit dans sa vie d'homme ou de femme. Au cœur des œuvres, on est dans le plus beau cocon qui soit, à l'intérieur d'un monde riche et fécond. Là où il a vécu, le voyage est parfois bien différent. Camus n'avait pas un lien fort avec le Beaujolais comme il l'a eu ailleurs, mais c'est précisément dans le Beaujolais que je me suis immergé dans son œuvre. Et pour Rousseau, il fallait aller aux Charmettes. Je l'ai fait en définitive, mais après la fontaine j'ai tissé l'envie que le voyage ne s'arrête plus chez les auteurs, ni sur leur tombe parfois trop fissurée. Dans le règne du texte, je me sens bien mieux que dans leur mausolée. Lecteur et non pas biographe. René Char allait même plus loin en disant : « Les mots qui vont surgir savent de nous ce que nous ignorons d'eux. » J'ai ressenti cette pensée de Char dans bien des maisons d'écrivain. Il y a souvent dans l'écriture une lucidité plus grande que celle qui se dégage d'un quotidien, embourbé parfois dans les fluctuations d'une époque.

Au retour de l'été, je préparai mon vélo pour partir visiter Claudel et Stendhal, deux pépites de ma bibliothèque, à travers une promenade de santé depuis Lyon jusqu'à Brangues, dans l'Isère, comme pour me réconcilier avec un village qui a durablement imprégné des œuvres auxquelles je me sens lié par mes lectures.

VII

L'exil des graviers : dans la vallée du monde

À Brangues (Isère), depuis Lyon.
Février-mars 2016.

L'hiver s'achève. Il y a dans l'air comme un avant-goût de printemps. Avec lui je m'invite à rouler tête nue dans les sentiers, en cherchant au loin les dessins d'une France rurale qui me charme par son caractère. C'est l'ancien royaume que je m'amuse à faire resurgir : celui d'une mémoire qui se débusque dans la pierre de ses châteaux, au son de son clocher, ou dans un ailleurs symbolique, à deux pas d'une boulangerie, lorsque l'on parvient à sa rivière. Pour beaucoup c'est la France d'une enfance, d'un souvenir de vacances, ou même du temps passé gaiement dans la compagnie d'un aïeul. Pour moi, cette France est à répétition le sujet d'une fascinante découverte.

Brangues est l'un de ces villages qui semblent arrêtés sur un plan en couleurs d'autrefois. C'est un coin charmant qui apparaît « typique » à l'habitant d'une mégapole, car il est trop loin d'une grande ville et pas assez proche d'une autre. Mais tout a été ébranlé en profondeur par le nouveau rythme de la vie. Ce que cache Brangues, c'est sa nouvelle vie de village-dortoir et ses rues désormais trop étroites pour la congestion automobile. La vie se déroule dans les coulisses du jour, dans une discrétion jouant l'entre-deux confortable : les appuis de fenêtre sont fleuris, les chats bien nourris et les habitants silencieux. Après le village, la halte des plaines s'achève et on retrouve vite le Belley dans la déclivité, puis les Alpes et les lacs. De l'autre côté, on quitte définitivement les rebords d'une pente pour aller conquérir la plaine jusqu'à Lyon. Brangues porte un masque en réalité, c'est le rêve en soi qui somnole dans la lenteur des heures, quand les actifs sont partis travailler. Paul Claudel s'y est réfugié entre le Japon et Paris, et un autre écrivain avant lui y a trouvé l'inspiration, Stendhal. Grâce à une invitation de l'association littéraire de Brangues, je découvre les lieux.

Pour l'un, cette terre fut une demeure où retrouver une histoire de la France à ses retours d'Asie. Claudel, alors ambassadeur en redingote n'ayant pas encore achevé *Le Soulier de Satin*, son œuvre titanesque, acheta le château de plaisance de Brangues, où il se rendit en exilé, en hôte, en patriarche. Il choisit d'y vivre, d'y écrire et d'y prier malgré une certaine réserve sur une œuvre ayant marqué le village…

Cette œuvre, on la doit à Stendhal. Bien qu'il y soit venu avant Claudel, il reste secondaire, car Henri Beyle n'a pas élu domicile à Brangues. Tout au plus le village était-il une demeure romanesque pour son écriture. Il fut même l'une des racines du *Rouge et le Noir*, ce que dément vaguement son auteur dans un « Avertissement » au lecteur. Si Stendhal est aujourd'hui fréquemment évoqué pour sa célérité (il aurait rédigé sa *Chartreuse de Parme* en cinquante-deux jours, à raison d'une vingtaine de pages quotidiennes), il ne doit nullement être traité d'improvisateur au sujet du *Rouge et le Noir*. Dans les faits, ce n'est pas tant en s'enfermant chez lui, assigné à rédaction comme l'aurait fait un Balzac, qu'en s'ouvrant au monde qu'il trouva l'idée de son roman. Lecteur fidèle des gazettes de tribunaux, à en croire la légende, il aurait ainsi appris qu'un jeune séminariste, non loin de Grenoble où il vivait alors, avait tiré sur la femme du maire lors de l'office.

Cet homme était Berthet, l'esquisse préliminaire au traitement génial du romancier de ce qui deviendrait le personnage de Julien Sorel. Rien de plus ne fut nécessaire à Stendhal que de se passionner pour le procès et de se laisser aller à l'écriture, fidèle à des intuitions qu'il traquait jusqu'à les clouer sur le papier. Il en naquit deux couleurs dans l'œil de l'homme de lettres. Le rouge, la première couleur de l'Homme selon Michel Pastoureau, le symbole du pouvoir, de la beauté et du courage de vivre, est aussi la teinte ambivalente d'un crime de sang.

Le noir est la robe d'un clergé à l'image d'une ambition, à laquelle le jeune charpentier s'est attelé. Stendhal voit le monde dans la légèreté des couleurs : le rouge et le noir, ce sont des éclairs sensitifs pleins de forces.

À Brangues, non loin des fortifications bâties jadis et aujourd'hui ruinées de Crémieu, on raconte encore l'affaire Berthet sur le ton de la confidence. « Antoine Berthet a tenté de tuer celle qui fut sa maîtresse en pleine église, au moment de la communion. Il a utilisé un deuxième pistolet contre lui-même », me confirme la propriétaire. Dans l'ancienne maison des amants, la rumeur court que subsistent des pièces cachées où l'adultère eut lieu.

Ce fut donc un double crime (meurtre et suicide) raté, perpétré dans une église, qui servit de trame au chef-d'œuvre qu'est *Le Rouge et le Noir*. Du moins, ce fut l'élément suffisant à Stendhal pour qu'il accouche des grands traits du roman. Ainsi, un jeune séminariste, amoureux de l'épouse de M. de Rênal, maire de Verrières, commune imaginaire du Doubs, devient son amant, puis l'amant d'une autre femme, alors que lui-même est tiraillé entre les ambitions d'une ascension sociale et les plaisirs d'une vie écourtée par les passions.

Tandis que le romancier maîtrisait son écriture à l'assaut des tourments d'un adultère, dans la vraie commune de Brangues l'église était détruite par le maire, M. Michoud de la Tour. Ce dernier s'empressa d'en inaugurer une nouvelle, vierge de coups de feu. Le scandale n'en subsista pas moins quelque part dans les décombres de la crypte, puisqu'il me parvient des années après.

D'abord Stendhal, donc, qui rendait régulièrement visite à sa sœur, à Morestel. Après lui Claudel, qui vint vivre ici. Brangues est un lieu au visage anodin mais où semble dressé le décor parfait d'un voyage littéraire. Un clocher nous guide dans la plaine du *Rouge et le Noir*, un château nous guide dans ses allées avec les mots de Claudel, et une rivière nous suit de sa fraîcheur.

Quelques kilomètres avant Brangues, j'ai repensé à mon voyage littéraire vers Annecy et à ces quatre années depuis ma première sortie pour rendre visite à ma douce dans la région. Ayant été invité chez Claudel, je ne voyais pas de meilleure manière d'y parvenir que de parcourir à nouveau mes plaines à bicyclette.

Je m'y suis rendu par les chemins de campagne, y croisant des chevaux et des brebis avec lesquels je m'amusais durant mes arrêts. Et je me suis souvenu de certains endroits, si proches de mon territoire du quotidien, et puis d'autres aussi, comme cette boulangerie où nous nous étions arrêtés avec Django au cours de notre voyage vers Annecy où j'allais visiter Rousseau, ou cette route que j'avais empruntée pour la première fois sur mon vélo à pignon fixe, un soir de pleine lune, pour aller parler à mon amoureuse après la fin des cours au lycée.

Ce matin-là, après les sentiers de ronde de Crémieu, la médiévale, j'ai fait du hors-piste jusqu'à Brangues en écoutant la boue se détacher par paquets de mes crampons. Je suis arrivé à l'heure du déjeuner devant les grilles du château de plaisance, par une belle journée.

*

Escalader une haie de lances en fer forgé de plusieurs mètres de haut ? Cela me paraît une rude tâche à laquelle ma tenue de cycliste ne se prête guère.

Après quelques essais comiques, je glisse lamentablement et retombe sur la pelouse alors que j'avais atteint la hauteur honorable d'une cinquantaine de centimètres. Garantie pour l'avenir : de tous les sports, ne jamais plus m'essayer à l'escalade.

Retour à la case gazon, donc, avant de trouver une portion de l'enceinte domaniale. Je scrute la paroi tel un expert qui s'imagine trouver des prises pour s'introduire dans le château, et aperçoit un petit écriteau signalant la porte d'accès à la visite. Je n'aurai pas besoin d'escalader. « ESPACE PAUL CLAUDEL / STENDHAL » : la flèche indique la droite. L'espace est pour l'heure fermé, pause-déjeuner. « VISITE DE LA TOMBE DE PAUL CLAUDEL » : la flèche m'emmène vers la gauche. Je ne crois pas qu'il y ait de mauvaise heure pour visiter une sépulture. Deuxième garantie pour l'avenir : à moins de vouloir faire une caméra cachée, ne jamais plus être fougueux avant d'avoir connecté les neurones entre eux.

La porte du fond, réservée aux visiteurs, s'ouvre aisément, et avec elle l'univers de Claudel est rendu accessible sans nul besoin de talents d'équilibriste. Les alentours de la sépulture sont, à son image, un accueil de plusieurs cultures : ici, un pont de bois aux allures japonaises que l'on franchit, là, une vierge de craie contre laquelle Paul a épanché ses prières. On l'entendrait presque réciter un haïku sur le banc. Un peu plus loin, entre les bambous et les arbres pleins de nœuds, la pierre tombale est surprenante de massivité, mais elle conserve une forme classique et ne s'élève pas très haut. Elle semble lourde, le caveau est légèrement surélevé et dégage une impression paisible. Il n'y a plus un bruit, on s'attendrait à ce qu'une voix nous surprenne. Ma bicyclette est là quelque part contre les pierres, devant les mots gravés dans la stèle : « Ici reposent les restes et la semence de Paul Claudel. » Pour le chrétien qu'il est, j'y vois une allusion à l'épître aux Corinthiens : « Cette semence que l'on met en terre à l'automne semble mourir pendant l'hiver, mais germe et revit au printemps. » Dans la discrétion sereine du parc, l'épitaphe a un côté christique. Ses mots me renvoient à une observation : il n'y a pas de date sur le tombeau. Ni naissance, ni décès. Sont-elles effacées ?

À Brangues où il s'est passionné et reposé, Claudel réside en exil éternel.

Assis sur le banc, déjeunant et me recueillant devant la tombe avant d'aller explorer le château, je me récite cette page photographiée la veille dans mon esprit : « On ne pense pas d'une manière continue, pas davantage qu'on ne sent d'une manière continue. [...] Notre appareil à penser en état de chargement ne débite pas une ligne ininterrompue, il fournit par éclairs, secousses, une masse disjointe d'idées, images, souvenirs, notions, concepts, puis se détend avant que l'esprit se réalise à l'état de conscience dans un nouvel acte. Sur cette manière première l'écrivain éclairé par sa raison et son goût et guidé par un but plus ou moins distinctement perçu travaille, mais il est impossible de donner une image exacte des allures de la pensée si l'on ne tient pas compte du blanc et de l'intermittence. »

Ici repose Paul Claudel, dans l'intermittence des saisons et des venues.

Je me remets en selle vers l'ouest.

*

Il y a du vent dehors. Comme les mouvements d'une pensée, il se charge et se débite en une ligne ininterrompue. Il fournit par éclairs, secousses, une masse disjointe et se détend.

Le long des coteaux, serpentant entre les vignes, soulevant les feuilles des branches : il y a du vent dehors. Il berce les rides de la colline. Floque d'eau les pierres des sentiers comme des pochoirs évanescents. Dehors le vent impose son temps et fait voltiger les feuilles en courbes imprévisibles. Il me surprend d'abord tandis que je repasse aux abords de Lyon en rebondissant hors d'un sentier. D'habitude, j'use mes gommes sur la route et je préfère un bitume bien noir, immaculé et lisse comme un billard. De mon appartement d'étudiant jusqu'à Brangues j'ai découvert une ivresse dans les sentiers. J'ai distordu le temps à nouveau devant la tombe de Claudel, devant l'église nouvelle du village, puis sur le retour. Et tandis que je descends les remparts de Crémieu par les traverses boueuses, je me vois arriver dans mon avenue. Je m'imagine déjà en train de rentrer chez moi, accouchant comme d'un prématuré de ce que je recherche dans les passages entre les champs.

Je vois distinctement la rue de chez moi, que mon regard ne perçoit même plus certains jours, et cette phrase issue d'une *Conversation* de Claudel me revient en tête : « Une rue, c'est ce qui va quelque part. Ça marche de chaque côté de nous comme une procession. » L'image est belle et ne manque pas de force, comme souvent chez lui.

Je décide de ne pas rentrer maintenant. Comme le dit l'académicien : « Ce n'est pas être pour un homme que de ne pas agir. » Je vais poursuivre ma route à l'ouest car, après tout, je n'ai rien de prévu pour une fois.

À peine parvenu aux abords de Lyon, je décide donc de m'en éloigner en direction du sud-ouest. Je vais aller visiter Saint-Étienne sur un coup de tête, car je connais un itinéraire qui relie les deux villes par les monts. Je prends ce cap en passant Brignais, encore affairé aux mots de Claudel.

Agir ce soir-là, c'est continuer de rouler au lieu de rentrer. C'est ouvrir les yeux, respirer irrégulièrement, suivre ma route. Aussi, au large du port Rambaud il y avait cette lumière qui vous pousse à rester dehors dans la quinzaine de degrés encore établis. Agir dans ce crépuscule, c'est tomber la veste tandis que je me dirige vers Sainte-Catherine, en entrant dans les monts du Lyonnais. Sur ma bécane, pour l'une de mes premières sorties, j'avais installé des pneus de bon volume à crampons me permettant de sillonner les chemins moins carrossables. Il y a soixante-douze kilomètres jusqu'à Saint-Étienne et j'ai la sensation d'avoir opté pour cette ville à moitié au hasard, à moitié pour rendre visite à une amie qui y réside dans un atelier de peinture. Les passages sont parfois escarpés et je porte alors mon vélo sur mes épaules, avec les sacoches qui l'alourdissent.

Malgré mon désir imprévu de plonger dans ces montagnes, je me sens chez moi. Léger dans les montées, véloce et secoué dans les descentes. Je profite du hors-piste que j'ai découvert le matin même, en me rendant à Brangues, pour continuer mon errance.

La cavalcade est bonne de la ville aux sentiers. En chemin, les routes déversent leurs voitures. La bicyclette et moi n'avalons que de l'eau. Nous avons à suivre une longue voie où le soleil tombe d'aplomb derrière les montagnes, sans un filet d'ombre. Le repos m'attend à Saint-Étienne, après des petites frayeurs entre les bois où j'ai perdu le contrôle de mon pilotage. La piste semblait me demander furieusement si c'était pour me moquer d'elle que je prenais du retard.

« Mais quoi… N'a-t-on pas envie de prendre son temps en ta compagnie ? »

Vers Saint-Martin-la-Plaine, la boue colle par paquets sur mon étrange vélo qui se change en bête de labour. J'écarte des rails de terre en suivant les traces de ceux qui ont roulé avant moi. Les ombres en cette fin d'après-midi s'élargissent et j'essaie de m'orienter sans me perdre alors qu'il se fait tard. Saint-Étienne est toujours quelque part là-bas, en bas et devant. Je remets la carte à sa place et porte mon regard sur les dernières lueurs le long de la crête lointaine. Il y a de la neige dans le Pilat que je vois au loin. Les monts du Lyonnais, eux, en sont presque épargnés. « N'êtes-vous pas jaloux ? » L'hiver s'en va définitivement.

Sur ma peau trop couverte il fait étrangement chaud. Nous sommes presque au printemps et déjà les conditions sont idéales. Je passe les heures seul à parler aux vallées. Après une autre heure de selle – j'en ai perdu le compte depuis l'aube ce matin –, je me surprends, alors que je m'emporte sur *Le Chant des partisans* avec un tempo hasardeux, à remplacer machinalement « l'ennemi connaîtra le prix du sang et des larmes » par « l'ennemi connaîtra le prix du chant et des armes ». Dans le fracas de ma mécanique, et de mon paquetage secoué dans la descente, j'en rigole. Ennemi inconnu, il y a de quoi te méfier de mon chant ! Depuis l'autre bout de la vallée même... PARTISAN ! Soigne tes oreilles, car voilà que j'arrive.

Il faudra de longues secondes à l'écho des routes pour que je m'amuse d'autre chose. Rouler de longues heures est une manière assurée de se divertir des ressources du monde environnant et de se perdre entre leur réception et soi-même. Dans *Partage du Midi*, Claudel notait : « Ce n'est point le temps qui manque, c'est nous qui lui manquons. » Ne pas manquer au temps, c'est choisir entre imaginer et ne rien faire, entre dire le vrai et mentir.

Je continue d'avancer. À la fin du parcours, je chantonne cette fois *À bicyclette* d'Yves Montand. Bien heureux celui qui n'aura jamais à entendre ça. Imaginez une sorte de trille incertain entre des graves et des airs supposés que coupent les entrechocs de mon vélo avec les pierres. Vaste moment de solitude, car je ne connais que les paroles. La mélodie, encore une fois, s'est évanouie dans ma mémoire et je me transforme en assassin des rythmes. La place est donnée à des intonations approximatives tandis que la chanson, pas rancunière, me divertit toutefois.

Une pause vint à grandes enjambées, précédée par une aventure hors piste d'une centaine de kilomètres. J'expédiai mon repas, grignotant du pain d'épices et avalant des lapées d'eau. Autour, les montagnes étaient immobiles. Le ciel était magnifique. De gros nuages épais bordaient les rayons du soleil comme un lit cristallin. Dans la proximité des montagnes, le soleil se couchait. Partout respirait la terre mouillée. Il devait être dix-neuf heures passées.

Le banc de pierre, pour être convenable, se tenait ici face au massif et pouvait soutenir le pèlerin. Un jour, peut-être qu'une voiture allait emprunter cet autre chemin et alors ses pierres voleraient en éclats. La planche irrégulière profitait de son décompte graniteux sous le vent et la pluie, respirait d'un côté l'air des échappements, de l'autre l'immensité de ce petit monde. Ses caillasses empilées inégalement semblaient liées par de la boue. Cependant, la fin de mon repas avait sonné : la dernière bouchée était avalée. La route s'emplissait d'un piétinement de pénombre, s'évidait du vacarme de ses derniers usagers. On devait préparer le soir comme une fête, chez soi, au chaud, car on voyait de la lumière défenestrée des maisons retrouver sa liberté. Dans les replis du terrain, un troupeau rejoignait l'abri. Je suivis plus tard leurs mouvements grégaires en regagnant un abri, une fois que j'estimai m'être suffisamment amusé dans ces pistes pour une journée… comme s'il était possible de s'en lasser.

Petit à petit je m'approche de l'industrialisation périurbaine de Saint-Étienne. Les enclos et le matériel agricole au bord de ma voie sont remplacés par des habitations, puis par des cafés-PMU où les clients boivent dans les intérieurs illuminés. J'adore voir la vie quotidienne, ses accents, son bocal. Je passe dans les rues à nouveau asphaltées. Il y a de grandes baies vitrées, parfois des comptoirs visibles ou des stores repliés. C'est presque la France de Depardon, une identité authentique, isolée, et pourtant si proche de tout. J'ai définitivement quitté les sentiers du Chemin de Grande Randonnée n° 7. Ma trajectoire a emprunté pour quelques heures de délice, aussi bien dans les montées que dans les rocailles de la descente, un itinéraire imparfait qui cherchait sa voie aux carrefours.

Dire que certains le font en courant ! C'est long, toutes ces montées et descentes qui se succèdent. C'est long, ces plateaux boueux qui relient deux monticules de terre. Toutes ces pistes l'hiver… Les faire à bicyclette m'a donné une vue d'ensemble du parcours de la SaintéLyon et m'a rempli d'admiration pour ses coureurs. Ce cheminement de sentiers, auquel l'homme comme toujours s'habitue, était pour moi une première.

J'aborde la ville plein de joies, enivré de paysages vastes, suivis chaque fois par une ligne d'horizon sinusoïdale.

Arrivé chez mon amie Edmée, je laisse mon vélo maculé de boue dans l'atelier après avoir feuilleté un catalogue quasi intégral des livres parus aux Éditions de Minuit. Au réveil, je flâne dans les rues de Saint-Étienne, découvrant cathédrale et carrousel. Saint-Étienne m'apparaît très joliment. Çà et là des friches sont décorées et se présentent des intuitions artistiques : les bâtiments et les rues témoignent de plusieurs mondes, d'une industrie délaissée jusqu'à de hauts hôtels particuliers bourgeois. Sur l'un d'eux, une fresque avec des mineurs dans un style très Internationale ouvrière est peinte. Au milieu de cela déambule un tramway aux allures de grosse conserve compactée sur des rails.

Le lendemain, avant que la semaine ne redémarre, je reprends la route par le Pilat pour aller rejoindre un ami. Peut-être la fin de l'hiver est-elle la meilleure saison pour explorer les parcs. Les forêts, à cette heure, sont brun et blanc et un grand manteau de gel s'exhale des squelettes de branches. La neige y est molle, les voies vidées de circulation. Les bosquets sentent le froid collant mêlé aux odeurs d'épines. Je mets le cap vers le nord-ouest et repère la trace des sentiers du GR7, puis les file jusqu'à retrouver les monts du Lyonnais puis les monts d'Or. Passé Limonest, j'ai envie de profiter de ces routes étroites et inégales pour m'isoler, pour m'enrichir de techniques face aux silex épars. Les ailes des oiseaux se lèvent autour de moi. Je fais beaucoup de bruit avec les sacoches qui vibrent.

Au détour d'un plateau plein d'herbes hautes, je croise deux cyclistes en VTT qui descendent vers moi. Ils s'arrêtent à mon niveau, couchent leurs machines sur le repli du talus, et m'invitent. Nous partageons une petite bouteille de Coca que le plus grand attrape dans son dos comme par un tour de magie. Nous sommes heureux de trouver des compères alors que nous nous pensions seuls quelques instants auparavant et cela nous suffit à démarrer la conversation.

– Tu pars où avec ça ?

Le plus petit est presque roux. Il désigne ma bicyclette aux sacoches crottées de terre. Elle détonne à côté de leurs beaux équipements.

– Je vais chercher un coin pour la nuit, un peu au nord. Un ami m'y rejoint.

– Ça doit secouer. Tu viens d'où ?

Le grand s'est adressé à moi en fixant Causette.

– De Saint-Étienne. J'ai fait une boucle par des petits tronçons de route. C'est carrément beau par ici, je ne regrette rien.

– T'entends ça, Yann ? Toi qui te plains de ta suspension arrière… s'exclame le rouquin.

Son copain le reprend, se justifie :

– C'est parce qu'il y a des paquets de neige là-haut. On a manqué de peu se prendre la barrière. Serre à gauche en grimpant…

Je souris... et le rassure. Je n'aurais rien contre une suspension arrière et un meilleur équipement non plus. Mais même sans, le paysage vaut le détour.

– Comment fais-tu pour rouler si longtemps ?

– Je roule une heure de plus. Et puis je rejoue le même tour... Il suffit d'aimer ça, de lire toutes les lignes qui passent et tout ce qu'on peut rencontrer. Rien de compliqué, juste du vélo... On aime tous ça, le vélo, on aime tous !

Nous alignons consciencieusement nos bidons vides sur un arbre couché. De toute évidence, les deux inconnus aussi attendaient un tel moment, et je suis ravi que nous ne nous soyons pas ignorés, comme nous l'aurions peut-être fait en ville. Une autre bouteille de sirop marron est répartie en trois parts égales. Je commençais justement à sentir mes bras, réveillés par les irrégularités de la piste, entrecoupée de racines et de caillasses, de neige et de crevasses terreuses. Cette pause me soulage. L'un d'entre nous boit goulument le fond d'eau de son bidon puis nous nous répartissons, rieurs, la boisson, bien fraîche à cette altitude. Ces cyclistes vont rentrer chez eux après une ronde, m'informent-ils. J'ai le temps, moi, tout mon plaisir est dans le temps que je perds ici, sur les sentiers en apparence déserts.

Je reprends la route en les remerciant pour les gorgées sucrées. Je ne m'attendais pas à rencontrer des gaillards avec qui partager un instant improvisé sur une « terrasse » de fortune. Ils m'ont annoncé au loin de la neige que je n'ai pas vue la veille, étant passé plus au nord. En effet, j'arrive dans des sentiers totalement blanchis par un épais manteau froid. Il fait pourtant plusieurs degrés au-dessus de zéro, mais la neige résiste à l'échange thermique au sol. Dans l'avancée, j'ai l'impression de naviguer plus que de piloter. Les pneus crissent sur la neige. Ils sont trop gonflés mais c'est une question de compromis. J'amortis en me levant sur les pédales. Mine de rien, ça file, et en quelques petits sauts je suis sur la route. La terre est redevenue aussi brune que les branches des arbres. Je tombe sur un enclos dans lequel un âne trottine. Il longe la barrière de fil de fer et vient me regarder depuis le portillon. Il me rappelle Modestine, l'ânesse de Stevenson que j'ai rencontrée dans *Voyage avec un âne dans les Cévennes*. Modestine ? Est-ce toi ? Justement, je devais te retrouver d'ici quelque temps... Je m'arrête pour caresser l'animal à l'œil vif. Il passe sa journée et sa nuit ici, chambre avec vue sur les buttes du Stéphanois. Le ciel est doux, d'un bleu d'avril, plus pâle et moins éclatant que ceux de l'été. Avec amusement sans doute, les propriétaires de l'âne ont découpé une ouverture dans la tôle de son abri qui donne sur la vallée. Peut-être y a-t-il là une explication pratique, mais on dirait qu'il a sa fenêtre au-dessus de la mangeoire. Je lui parle une dernière fois, puis il retourne vers la mare de son enclos dans laquelle, à mon grand étonnement, il se mouille sans hésiter. L'animal patauge un peu, de l'eau jusqu'au garrot, puis ressort de l'autre côté. Il doit apprécier ses heures ici, malgré la barrière. Ses poils gorgés d'eau lui donnent l'allure d'un poney recouvert d'algues brunes.

À midi, avec mon ami, nous sommes dans le nord du Beaujolais. J'ai décidément abandonné mon projet initial, et je m'en satisfais quoiqu'il pleuve des cordes. Le temps s'arrête.

Sous l'auvent du refuge, les bûches sont serrées les unes aux autres pour rester tièdes. Derrière la fenêtre, nous commençons à éprouver à l'avance la longue journée de *roulage* devant nous – j'honore l'expression des Belges qui nous ont salués plus tôt, tandis que je venais de retrouver Guillaume. La pluie coule, filandreuse, en diagonale. On aurait envie de jouer de la harpe sur ses cordes. Il n'y a plus de repères au-dehors, les collines étaient rondes et maintenant la vallée se cache derrière une pluie qui semble vouloir devenir horizontale dans les rafales. Nous nous imaginons le corps recroquevillé sur la bécane lorsque le vent nous fera face. Bientôt… la goutte au nez. Encore un peu de chaleur avant… Nous sommes comme les soldats qui partent à l'assaut en groupant leurs membres pour réduire la surface exposée aux balles. Ici, à bicyclette, le vent est une boule de feu, un obstacle à peine visible dans son intensité mais qui brûle les calories et déchire les muscles. Notre lutte ne tue personne mais elle est un combat perpétuel, le seul qui ne s'éteint pas : elle est un combat contre soi-même.

Il y a du vent dehors – ami, entends-tu ? Ce sont les pleurs des tuiles et des ouvertures béantes du refuge, ce sont les claques des objets mobiles plaqués les uns contre les autres – et les branches aussi parfois craquent et tombent, parce qu'il y a du vent dehors.

« Notre appareil à penser en état de chargement ne débite pas une ligne interrompue. »

La cloche tinte hasardement comme pour inviter les pèlerins dans son ventre chaud... Y a-t-il seulement quelqu'un au-dehors sous la pluie ?

Nous avons croisé plus tôt une dame qui randonnait à pied. Elle nous a expliqué qu'elle marchait avec dans son sac de la farine et qu'elle utilisait l'eau qu'elle trouvait sur la route pour pétrir son pain avec son levain. Ce qui est sûr, c'est que depuis elle a trouvé de l'eau... Pour le four en revanche, je l'ignore.

Toute cette pluie donne une impression de mal de mer à mon ami. L'homme se croit instinctivement dissoluble comme un carré de sucre et craint les gouttes qui mettent à nu ses parties. Pourtant, il va nous falloir affronter les cieux. Claudel et l'exil ont assez duré. Les nuages laveront nos tenues en chemin. C'est en cahotant sur les sentiers, rincés puis offerts à la pluie, que nous serons présents à ce monde. Les figures boueuses savent que la parole coûte au-dehors, elles comprennent que nous ne désirons l'été que lorsqu'on a senti le froid fourmiller dans nos membres endoloris. Les plus grands voyageurs en solitaire sont des économiseurs de mots. Tabarly,

Saint-Léger, ils ont la phrase patiente. Pleine d'humour, mais rare. C'est dans la vallée du monde que se saisissent les paysages qui n'apportent jamais de solitude. Il nous faut explorer ce monde pour apprécier l'entre-deux. À six heures, nous nous remettrons en route.

> Je désirais l'été,
> Un furieux été pour assécher mes larmes,
> Or est venu ce froid qui grandit dans mes
> membres.

L'eau encore frappe au carreau. Douve – es-tu là ? Toute la nuit elle a voulu s'inviter sous nos peaux, même elle aurait pleuré pour qu'on l'accueille. Elle y est parvenue, à sa manière : les vêtements détrempés n'ont connu de la sécheresse que l'illusion. « Je désirais l'été, un furieux été », disait le poème de Bonnefoy.

Juste avant le lever du soleil, le refuge de montagne est apparu comme salvateur ; au jour retrouvé, l'âtre frémit encore de l'eau bouillante. Au saut du lit, le bruit des fermetures éclair qu'on remonte doucement se mêle à celui de la flamme qui fait craquer les petites bûches du poêle. J'en retire ma tasse d'eau frémissante, y verse une soupe déshydratée au goût de châtaigne et de potimarron, dont le sachet est tout compressé. Il nous faut quitter le refuge. Derrière le carreau crasseux, des baies sauvages jouent au yoyo dans le vent. Le plaisir de regarder au loin par la fenêtre tire les corps du sommeil écourté. On est bien, ici, sous les plaids, dans nos tenues séchées et la fumante masure qui nargue la pluie. La vallée nous rappelle que les eaux se mêlent dehors. Mon compagnon d'aventure se chausse pendant que je touille la soupe dans les popotes de titane. Une dernière gorgée… Hier, lors d'un arrêt en ville, j'ai acheté une guidoline pour remplacer la mienne, délabrée par l'usure. Je profite de ces derniers instants pour enturbanner mon cintre. C'est un geste qui différencie le bon mécanicien du mauvais. Le vrai cycliste du faux. Il faut dérouler le ruban en exerçant une tension et en maintenant un angle, en espaçant de la bonne largeur les anneaux formés par la bandelette. Pendant ce temps les capteurs s'allument, les parcours sont relus. Le long du guidon, le ruban de caoutchouc se tend et épouse ses formes. Il sera un confort précieux pour la paume de mes mains alors qu'au sortir du refuge nous attendent vingt kilomètres de sentiers descendants. C'est une sorte de plaisir égoïste qui motivera mes efforts, de la même manière qu'on repart de plus belle après une collation ou un massage. Cette nuit au sec et au chaud et une nouvelle guidoline sont un moteur appréciable. Petit à petit, le cintre reprend sa robe et les jambes picotent de retrouver leur verticalité. On trépigne d'envie de rouler, de s'abreuver de paysages et d'observer les bidons d'eau qui se vident et se remplissent encore au fil des jours. (Combien de bidons ont été remplis dans l'histoire du cyclisme ? Les chiffres doivent surprendre. Je ne saurai jamais…)

Bandelette après bandelette, le destrier est un sultan qui retrouve sa noblesse et tout son apparat lorsqu'on entretient son palais.

Dans la fraîcheur du matin, il nous est plus rude de commencer par une descente pluvieuse que par une ascension. L'ascension réchauffe et étire. La descente va nous secouer, nous tremper, nous éclabousser. Les roues feront gicler la boue et la pluie s'exprimera dans son langage de peinture : « drache », disent les Nordistes – le bruit d'un pneu qui fend la flaque. C'est la terre du Paris-Roubaix. Nul ne vit dans les Flandres sans savoir que l'eau et que la boue peuvent être amusement.

Changer la guidoline avant de partir m'a soulagé ; je jette enfin l'ancienne au feu. Nous ouvrons la porte du refuge après avoir tisonné le feu, et pénétrons dans la vallée du monde. Dehors, l'écho du ruissellement surprend. Mon ami referme la porte, je pense aux pierres chaudes autour du poêle. Elles aussi vont finir par se refroidir. Elles semblent l'avoir accepté et patienteront, rêveuses, dans l'attente des prochains vagabonds qui poseront ici leurs joies et leurs peines. Elles resteront longtemps près de l'âtre du refuge, dans le royaume des hommes qui ne viennent que la nuit.

J'ai quitté Claudel pour Bonnefoy, comme un élève se sépare de la poésie de son maître pour suivre ses propres lectures. Par la route, je fantasme un lieu qui me fait penser à l'esthétique du second, décédé dans le courant de l'année. C'est que de l'exil on rêve d'une errance si facilement...

> Quelquefois, disais-tu, errante à l'aube
> Sur des chemins noircis,
> Je partageais l'hypnose de la pierre,
> J'étais aveugle comme elle.
> Or est venu ce vent par quoi mes comédies
> Se sont élucidées en l'acte de mourir.

Si Claudel était un exilé de l'intérieur, de son propre monde, il est devenu un exilé de France, et le voyage semble m'avoir emporté avec lui jusqu'à refuser la violence avec laquelle il déteste ce qui l'a éduqué. Les écrits de Claudel sont une sorte de vallée des larmes, une composition perpétuelle sur l'absence et la présence. La distance y est sacrée, ce qui l'a élevé y est renié et la rive d'un repos y est ultérieure. Pourtant il possède cet humour, cette force entraînant à la vie sincère et rejetant par des vues d'intelligence ce qui est acceptable. Dans les montagnes où j'ai l'impression d'être arrivé par un réseau de coïncidences, je me délecte de cet entre-deux-mondes.

– Place nette, me dit mon compagnon en verrouillant la porte.

Il a le regard mince, les yeux pochés de cernes. Ce soir ses cernes seront détrempés – passablement épuisés. Il ferme jusqu'en haut son blouson. Son visage est sec, sans rebonds de chair, tendu par un sourire.

– Alors il est temps !

Nous regardons nos montres : six heures moins deux. Voici venues l'heure de l'aube et la pluie. Nous transvasons les barres de céréales d'une sacoche à l'autre pour les consommer prochainement en roulant au grand vent. Les pieds enclenchés dans nos pédales, nous commençons à mouliner le long de la pente. Aux premières vibrations, la mémoire de mes mains est surprise par la texture gélatinée du ruban – je n'avais plus l'habitude. Ainsi, mon premier sourire du jour tient à elle autant qu'au vent qui s'engouffre dans mes manches comme pour inspecter les lieux. Nous retrouvons avec plaisir les feuillages épais des ormes qui paraissent toujours être les riverains heureux du chemin.

*

Devant rentrer et reprendre les cours, je prépare un autre voyage, cette fois en solitaire, vers un autre monument de mes lectures. À travers le Beaujolais, à travers la Loire, par les rues de Paris puis de Montreuil-sur-Mer, j'irai visiter Victor Hugo.

VIII

La solitaire hugolienne

Vers Montreuil-sur-Mer (Pas-de-Calais)
par Paris, depuis Lyon.
Mai 2017.

Pour la première fois j'attaque un gros morceau de France sans compagnon. Le mois de mes vingt ans s'achève et je veux le célébrer ainsi, par l'itinéraire que j'ai tracé. Il y a sept cents kilomètres entre Lyon et Montreuil-sur-Mer. Cela correspond à trois jours de pédalage, peut-être quatre en incluant les visites dans Paris. C'est une aventure solitaire qui me donne le vertige quand j'imagine tout ce qui pourrait dégénérer.

Le sommeil me fuit les dernières heures avant mon départ et ce sont en définitive les archives d'Hugo qui me déterminent à me lancer, après une nuit d'attente qui a duré autant qu'un siècle d'excitation. Alors que je me dissuade d'une telle aventure (en raison du danger que représentent tant d'heures à côté d'automobilistes) je retombe sur les mots suivants que j'avais emportés des *Misérables* vers un carnet : « Tenter, braver, persister, persévérer, s'être fidèle à soi-même, prendre corps à corps le destin, étonner la catastrophe par le peu de peur qu'elle nous fait, tantôt affronter la puissance injuste, tantôt insulter la victoire ivre, tenir bon, tenir tête. » Demain, dès l'aube, j'irai donc à travers le Beaujolais et la Loire afin de visiter l'appartement parisien de Victor Hugo, sur la place des Vosges, puis de le suivre jusque chez ses personnages à Montreuil-sur-Mer, dont Jean Valjean était le maire. Je m'élance dans cette épopée avec une envie insatiable de le retenir par ses plus beaux textes, de mieux les comprendre. J'en ressortirai en formant le vœu de ne plus jamais remettre les pieds dans son appartement.

*

À la terrasse ensoleillée du Café des Avenues (à Chauffailles, le nom seul est amusement – il y a tout au plus une grande rue) qui constitue ma première pause un peu avant sept heures du matin, l'homme qui auparavant racontait à la cantonade ses expériences de pêche dans les environs essaie de soulever mon vélo tandis qu'il cale sa cigarette entre ses lèvres. Le compère grommelle et gesticule.

– Ça fait un gros poisson pour mes vieilles cannes !... De Dieu ! s'exclame-t-il, hilare.

Je l'invite à boire un café, nous rions bien, puis il s'en va vers sa journée après m'avoir serré le bras dans un effluve d'alcool.

Il y a dans le Beaujolais une lumière inégalable au lever du jour. Elle est veloutée de nuages, éloignant la nuit comme un coup de jet d'eau colorée. Je mets le cap sur Charolles. Au kilomètre cent vingt-cinq, une méditation ardue sur le cours tarifaire des viennoiseries me force à mettre pied à terre pour vérifier empiriquement mes soupçons. Le jour est établi et je gagne Marcigny à mesure que les degrés me réchauffent.

La journée passe tandis que, tout à mes pensées, je me prends pour un pèlerin parti visiter Notre-Dame-de-Paris sur son destrier. J'ai surnommé ma monture Causette, et c'est plus que jamais approprié tant j'ai l'impression de passer le plus clair de mes journées à chercher de l'eau et à papoter. « Cosette », la vraie orthographe, m'avait semblé déplacé. Non. Je ne suis pas Hugo… De monts et merveilles on divague avec les lectures d'Hugo et les belles routes : il est de bon aloi pour clore le mois de mes vingt années de profiter de la vie.

Entre Digoin et Decize, dans la chaleur du jour, j'essaie de combattre la déshydratation qui me gagne comme un reptile qui veut forcer sa mue. Rien n'y fait. Je vois trouble et ne traverse que des villages où les enseignes de commerces ne sont plus que vestiges d'un temps passé. Les jeunes, les boulangeries, les hôtels : tous ont fermé leur porte à la vie et les habitations ne sont qu'un décor de carton-pâte. À Digoin, je n'ai pas rechargé les bidons : toute l'erreur est là.

Telle une apparition, Fabienne, quatre-vingt-trois ans, quitte sa chaise longue dans sa cour et me propose de l'eau de son puits. Je m'étonne de ses mains calleuses, noires, comme passées au cirage. Elle m'explique que dans son jardin il y a un noyer, « il est là », elle m'offre quelques noix. Normalement, la récolte est en septembre, mais celles de l'an passé sont sèches. Dans le jardin de Fabienne, après avoir bien discuté, je m'assoupis à l'ombre du noyer tandis que Causette, toute de métaux et de gommes, refroidit à son tour. Je suis quelque part non loin de Diou, dans un village dont je ne trouve pas le nom car le panneau est effacé. À la croisée de nos chemins, c'est plus tard Michel, un autre retraité, qui à Decize m'invite à prendre un verre en évoquant des souvenirs de jeunesse.

Depuis mon départ, je n'ai pas entendu d'actualités et j'ai quitté les scandales politiques et financiers. En pleine élection présidentielle, c'est une affaire que je recommande à tout être. Arriver à Decize me replonge donc dans le flot de quotidien. Aussi, je quitte la ville comme un animal qui retrouve sa liberté.

Je parviens à Nevers assez tôt, juste à temps pour une sieste improvisée après une baignade dans les canaux.

Autour de trois heures du matin, je quitte ma chambre et reprends la route plus tôt que la veille, espérant rouler dans la fraîcheur de la nuit en longeant la Loire. Ce sont là des heures de grand bonheur pour un cycliste – un peu comme un chasseur qui, un beau matin de printemps, débouche dans une plaine giboyeuse.

Très vite, je pile. Je n'ai pas le temps d'honorer l'animal. Nous sommes aux alentours de Cosne-sur-Loire, où dans quelques heures le Salon du livre ouvrira ses portes aux auteurs et aux lecteurs. Je freine en refermant ma main entière sur le levier de frein tandis que crissent les disques. Les pneus dérapent. Je suis maintenant couché dans l'herbe, le flanc trempé par la rosée. Autour de moi, la roue arrière de ma bicyclette entame un dernier champ funèbre, puis mes yeux s'ouvrent douloureusement. C'est sans appel : le vallon, qui s'enorgueillissait de trois cents pièces de gibier, compte désormais un lapin suicidaire de moins. À cinq heures vingt-sept, la vie de l'animal s'est arrêtée brusquement dans les rayons de ma roue avant. Parmi les détails de l'exécution dont je suis le bourreau figurent quelques longues minutes à ôter des morceaux de fourrure et de viscères de mon train. Le pauvre a répandu sa chair sur mon disque de frein et gît sans sépulture, quelque part dans un fossé. Paix à son âme. Vulnérable et puissant à bicyclette, je suis secoué jusque dans mon talus. Je décide de faire une halte silencieuse au cœur de la nuit et d'écrire les lignes suivantes avant de reprendre la route.

*

La nuit pédalée est une aventure, une exploration qui mêle l'obscurité à la plus éblouissante des lumières – l'une allant parfois avec l'autre. Dans les faisceaux du phare, entre le rail à droite et le vide qu'il faut laisser aux motorisés pour qu'ils nous dépassent par la gauche, c'est la même quiétude. Les pneumatiques frottent doucement l'asphalte. Le vent gifle les joues rafraîchies. Il est l'ami qui évite la demi-somnolence arrivant avec la fatigue des heures accumulées sur la selle, des jambes alourdies. Dans la brume de l'esprit, la force de la vitesse crue ne se fait jamais oublier. Sur les petites routes de campagne, tout défile comme un glissement dans le rêve. C'est un instant de luxe, privilégié et trempé de volupté, bien loin du tumulte que je connaîtrai bientôt à Nemours, Melun, puis dans Paris. Dans ces nuits-là, il ne faut pas regarder le compteur car, à trente-cinq kilomètres à l'heure sur le plat, ce sont les tubes du vélo qui régulent la vitesse : ils vibrent parfois, sur les aspérités d'un bitume strié par l'usure, rappelant qu'on file avec la densité compacte d'une bombe d'acier lancée sur son rail. On traverse la nuit, invité par une dame à écouter du violon devant la fenêtre d'un train. Le paysage défile dans une soupe que la lumière de l'homme éventre. C'est analogue à une plongée, où l'on bouge tout doux et tout sage, en économisant ses forces. Puis on guette le moment où on dormira une heure ou deux, sous un platane, derrière une haie, avec le vélo posé contre un arbre et la sacoche sous la tête en guise d'oreiller. On pédale tout doux, tout sage, en sentant les muscles qui se tendent pour faire tourner le moyeu dynamo. Le cycliste est sa propre centrale tandis qu'il avance en rondeur, en suivant inerte son propre courant. La nuit sur ma bicyclette je découvre l'amie de celui qui veut croire en une France sauvage et isolée : l'obscurité, qui met au repos les vies quotidiennes.

On est silencieux à bicyclette. Parfois les voitures arrivent au loin ou s'annoncent au-devant, tandis que la chaîne gratte comme un vol d'abeilles continu. On s'y surprend très souvent à siffler, à chanter, à parler aux ombres comme lorsqu'on avait peur du noir. Mais la nuit à bicyclette on découvre qu'on a toujours peur du noir, le vrai. Le noir qui échappe à la lumière de sa propre cadence. Le noir d'incertitude d'un avenir sur lequel nos actes ont une prise malhabile. Alors on plaisante avec lui, on épouse ses formes en espérant remonter à la surface de la nuit. Sur les étroites routes de campagne, on écrase l'herbe du talus quand deux voitures se croisent et qu'il faut empiéter sur le champ. On se revoit, cow-boy d'asphalte qui chevauche à travers la campagne comme on passe dans une leçon de géographie. Hier, le Beaujolais ; bientôt on sera à Fontainebleau – fabuleuses terres que celles de France, pays où la nuit en roulant on a l'impression que l'aube est loin et que le sommeil devra s'oublier.

Cette impatience peut être tyrannique. Et si l'aube ne se levait finalement plus ? Parfois, je me retrouve seul dans ma déroute, riant et imaginant un bouleversement des lois de l'astrophysique : le soleil pourrait-il seulement ne plus venir à son tour de garde ? La nuit s'éternise... Une remontée vers la surface peut-elle ne pas avoir de fin ? Mais le pays est tout juste assez grand et la balance suffisamment équilibrée pour qu'à force de rêveries et de patience on parvienne déjà au bout, exténué et le sourire aux lèvres, après une odyssée de quelques minces jours. On ne rêvasse pas pourtant, on s'extirpe du réel. Ce n'est pas une moindre tâche que de rejoindre le paradis des mots. Cette bouffée d'air en est d'autant plus salvatrice que, en définitive, on se retourne, satisfait de ces nuitées dans l'effort. On accouche de ce finistère de l'Europe de l'Ouest qui nous conduit aux Ibères et aux peuplades millénaires en voulant recommencer. Cette gestation, c'est parfois l'enfer dans le Nord sur les pavés, ou bien dans le Pilat quand le vélo est paralysé par un pneu crevé que les mains gelées empêchent de réparer. C'est aussi le doute douloureux qui s'impose lorsque les bidons se bouchent de glace dans le froid et qu'il est impossible de tenir sans alcool. Et pourtant, dans cette nuit sur mon vélo, on est si bien quand le soleil se lève et balaie les résidus de rosée de la nuit sur son trottoir. On est si joyeux quand on profite de ce qui est caché au jour : les oiseaux qui s'éveillent, les brises qui s'évadent, la chaleur qui ne s'est pas encore imposée. Dans ce mi-clos, on pédale heureux et fraternel. La nuit rétablit le miracle de l'uniforme : ne restent que les mots envolés dans le peloton derrière les visages masqués. À plusieurs, les conversations se taisent dans la marche, puis reviennent çà et là. De temps à autre percent des indications : « Gauche ! Fontaine à bidons ! » Les voix murmurent finalement, montrant alors que ce qui devrait le plus qualifier notre espèce est son adaptation à ces lieux, où nous ne sommes que des passants. Seul, c'est l'imagination dans la nuit qui donne aux rêves de l'homme la force de se réaliser.

Nous, passants des campagnes, roulons après nos passions accomplies, nos peines dépassées par nos libertés et nos joies. Car, en roulant, la dernière sensation recherchée est la douleur. Si on roule la nuit, c'est pour se prouver que même en suivant le rail de la route les choix existent et tout est à tracer. C'est un noctambule qui sait justifier les mots de la *Chanson des gardes suisses* que Céline cite en épigraphe à son *Voyage au bout de la nuit*. Cette strophe, que j'ai fait inscrire sur ma potence, m'est visible chaque fois que je plie la nuque :

> Notre vie est un voyage,
> Dans l'Hiver et dans la Nuit,
> Nous cherchons notre passage
> Dans le Ciel où rien ne luit.

Si notre vie est un passage, quoi de mieux que d'en combler l'existence réelle et intermittente ? Il s'agit alors de remplir les nuits comme les tubes à essai restant sur nos paillasses, de profiter sans céder à la facilité de ce que l'on connaît : le confort ouaté d'un lit familier. Il apparaît que la nuit tout s'amplifie, de même que l'expérience à soi de celui qui se présente dans le noir. Tout s'amplifie : les peurs, les rêves, les plaisirs et les conséquences des erreurs. Comme si la visibilité du jour fixait les perceptions sur le paysage, comme si la visibilité du jour les retirait hors du corps, sans repères visibles. La nuit, nulle ligne de crête occupant inlassablement l'esprit autre que celle que l'on s'impose à soi-même. La nuit, il n'y a plus cette étreinte du cycliste avec le monde visible. Il en oublie ses réflexes jusqu'à prendre soin de lui.

Au début de la nuit on se prépare à entrer dans les dépendances : ne pas se perdre, ne pas oublier de boire, vérifier les batteries de la lampe frontale, faire confiance à ses coéquipiers. Lorsqu'on en a, ils sont les humours et les attentions qui nous portent si facilement jusqu'à l'aube. C'est une dernière vérification préliminaire à une plongée en eaux profondes. On se reconnaît dans ce qu'on croyait oublié, tel un adulte établi qui retourne chez ses parents pour quelques jours. Très vite, les marques comme les gênes reviennent. La vie commune resurgit entre deux gorgées, en un flot de réminiscences, avec ses habitudes et ses abysses. Pédaler dans cette table rase ouverte à toutes les sensations déclenche une orgie de souvenirs, une débauche de lucidité, un battement régulier d'inconnu. On découvre à coups d'usure de la gomme autant qu'on cristallise. Stendhal dirait peut-être même que ce chemin est à l'extrême bord d'un précipice affreux, mais qu'il participe tout autant des opérations de l'esprit qui font naître les vraies passions. À tous, la nuit à vélo est une antichambre du jour où prendre le temps d'épuiser le flot de ses pensées journalières avant le prochain rendez vous, d'utiliser ses dernières forces avant le prochain endormissement. Une sorte de puits vers l'insondable, un instant en noir et blanc qui double le ciel étoilé de l'espace immense.

Tout ce noir... On attrape les leviers de frein à l'instinct, on surprend le repli du cintre par mémoire du geste, on fouille à tâtons dans les sacoches, on devine les routes au bout du virage. Les paysages se brouillent pour ne laisser que des ressentis. Les paysans se retirent pour ne laisser que des outils. C'est un domaine de l'intérieur, une vaste villa de vacances qui n'est pas la nôtre et dans laquelle on doit trouver ses marques pour mieux retourner à soi-même, pour mieux tisser des amitiés. Arrivant dans cette villa du noir, on reconnaît vaguement des impressions, des moments d'enfance. On se laisse prendre par les images : « Au coin là-bas, je suis déjà venu il y a plusieurs mois... »

Dans cet enchaînement de petits coteaux obscurs, parfois il faut s'impatienter longtemps. Les fatigues se cristallisent et nous tirent vers le fond comme une ancre de plomb. Un des jésuites de mon enfance disait que lorsque la peine est inévitable, rien ne sert de s'arrêter – enfin, je crois. Il ne disait rien d'autre que : « Qui n'avance pas recule. » Combien de nuit ai-je passées au plus profond d'une lutte contre la faiblesse dans laquelle l'homme s'imagine emprisonné ? C'est la nuit qu'on apprend que la douleur est un cycle, qu'on s'y habitue toujours parce que le corps est une bête patiente, docile, fiable. Le jour on la redoute, puis on l'oublie. C'est la nuit qu'on apprend à écouter les jaillissements des nappes souterraines de son être, que l'on s'entend haleter des « *Euréka !* » au milieu des routes devinées et des talus qui s'endorment. La nuit est un règne de gravité qui attire vers les profondeurs, comme une piqûre de rappel de l'humain conditionné, qui a besoin de respirer en surface. C'est paradoxalement dans cet entre-deux-eaux que je fais émerger mes idées, ce qui me permet d'être au monde avec toute la joie et le souffle que je souhaite. Ces nuits-là sont un recul qu'on ne sait plus s'accorder dans cette nouvelle ère du chaos. En roulant dans l'obscur j'y ai vu le plus clair, fixé des vers que je pensais oubliés à jamais, récité des bribes de romans qu'il me fallait relire encore. Je crois même avoir aperçu parfois au loin Dostoïevski dans la plaine froide et sa Sonia qui marchait vers le goulag, traînant sa cape et ses peines vers Rodion. Je crois même avoir aperçu parfois au loin Hermann à mes côtés en pensant au poème d'Hugo :

> La nuit était fort noire et la forêt très
> sombre.
> Hermann à mes côtés me paraissait une
> ombre.

Nos chevaux galopaient. À la garde de
Dieu !
Les nuages du ciel ressemblaient à des
marbres.
Les étoiles volaient dans les branches des
arbres
Comme un essaim d'oiseaux de feu.

Et tandis que je traverse un courant plus froid, je galope en selle et constate que, si Hermann est à mes côtés, je suis loin de celle que j'aime et qui s'inquiète. La nuit, la vigilance doit s'accroître, pourtant Hermann me fait sursauter et m'arrache à mes divagations alors que je dévie si facilement vers le mauvais côté de la route. L'endurance vient avec son manque de sommeil hallucinogène. C'est la nuit qu'on apprend à donner une valeur à la douleur quand elle ne veut s'effacer ; on s'entend refuser de souffrir en transformant un mal en souhait. C'est alors avec joie que l'on accepte ce qui advient, dans une sorte d'*amor fati* grâce auquel peut-être on parviendra à diriger les surprises qui nous atteignent à l'aveugle. Il reste toujours les plaisirs de s'appuyer sur les parfums, de s'éviter d'être des moutons atteints de vertigo, de s'empêcher d'être comme ces plongeurs subissant la narcose : ivres d'immensités impalpables.

Lorsqu'au petit matin on inspire la rumeur de la ville, on sent monter les premières poches de pollution. Il est déjà l'heure de repartir après une douche fraîche ou une sieste à même le sol, dans un lieu choisi par habitude. Car ce sera très vite la nuit et il faudra à nouveau mériter le jour qui s'évade quotidiennement.

Les panneaux, quand il y en a, éblouissent les yeux lorsqu'on joue à les viser avec le guidon, puis laissent des taches violettes et verdâtres qui disparaissent sans qu'on s'en rende compte. Nous sommes les enfants de notre propre condition. La gêne s'efface et on ne constate pas même son départ, alors qu'on ne voyait plus qu'elle. Des noms d'endroits bien français se donnent à lire, avec de temps à autre une belle surprise : « Village de Poil », « Bienvenue à Berck », « Voisins vigilants de Montcuq », des noms à replonger dans l'enfance, à sourire béatement. La nuit des panneaux, c'est celle qui inquiète quand on passe près de bosquets et qu'on y distingue des regards d'animaux illuminés. La nuit des panneaux, c'est celle qui redonne un peu de force pour pédaler jusqu'à l'ouverture des boulangeries, quand les bornes kilométriques défilent alors que tout le monde, même notre courage, est au chaud dans son lit. On a l'impression d'être un Lantier hallucinant des vues par la fenêtre de la locomotive – peu de Lison qui roulent de nuit, pourtant ! La récompense supplémentaire à ces instants au monde est celle d'un café et d'un croissant, tendus par la boulangère qui nous sourit et nous dit « Bonjour ! » avec l'air impressionnée quand elle ouvre le rideau métallique devant lequel les braves l'attendent, affamés comme des loups salivant. C'est le « Bonjour ! » qu'elle dit avec entrain, avec la nouveauté et le plaisir de le dire aux combattants de l'obscurité, arrivés débraillés les premiers – quand ce ne sont pas les derniers de la veille. Ce « Bonjour ! » esclaffé en même temps que la porte battante s'ouvre fuit en laissant s'échapper une nuée de fumée imprégnée du parfum délicieux du beurre dans la pâte. Le boulanger, en maillot de corps enfariné et les cheveux tout juste dominés, sourit à son tour en faisant un signe de la main. « Les premiers clients à goûter les fournées du jour sont bien motivés », se dit-il.

Attendre qu'une boulangerie ouvre le matin, c'est un rituel de rôdeur affamé. On tourne autour du bâtiment, cherchant par tous les interstices possibles des preuves d'une présence, éclaireur d'estomac que la faim satisfaite rend mille fois reconnaissant. Là, un soupirail vaporeux ! Tels les petits indigents de Rimbaud dans « Les effarés », on se prend à rêver du bruit strident du rideau métallique qu'on remonte.

> À genoux, cinq petits, – misère ! –
> Regardent le Boulanger faire
> Le lourd pain blond…
>
> Ils voient le fort bras blanc qui tourne
> La pâte grise et qui l'enfourne
> Dans un trou clair.

Ils écoutent le bon pain cuire.
Le Boulanger au gras sourire
  Grogne un vieil air.

Ils sont blottis, pas un ne bouge,
Au souffle du soupirail rouge
  Chaud comme un sein.

Rimbaud ne sait que renforcer mon désir gourmand, bientôt urgent, et me force à vite cesser de réciter ces vers, qui transmettent littéralement la faim. Chez lui, on est si facilement à travers le « je »… Il n'y a rien ici, le fournil dort encore. Il faudra rouler vingt kilomètres en sus pour trouver refuge et ripailles dans la pâtisserie de Françoise.

Une fois les cafés avalés, les bidons remplis d'une menthe à l'eau préparée vitement par Françoise sur l'injonction souriante de son mari, on se sent battu. Comment repartir du fournil alors que l'on est indigent de confort ? Comment vouloir rester quand les paysages égarés nous attendent, avec leurs rimes, leurs strophes de fascination et leur souffle de liberté ? Le corps fatigué prend son temps, détache des croissants et des pains aux amandes tout chauds les morceaux friables avant de les déposer sur la langue. La dernière viennoiserie, celle commandée en surplus, s'engloutit lorsqu'on a trempé le bout croustillant dans le café au lait. Quand tout ceci est fait, alors il faut ce qu'il faut.

On remonte à vélo, on enclenche les cales, le corps se métamorphose à nouveau en centaure. Le soleil a regagné ses quartiers.

*

J'étais donc parti de Lyon l'avant-veille, tandis que les premières odeurs du marché s'exhalaient sur le quai Saint-Antoine. Avec elles, je me suis glissé dans le jour comme dans un drap de soie.

Pour rejoindre Paris, les routes ont été pesantes et chronophages. Non accompagné, donc seul, à travers la campagne avec en tête les mots d'un exilé. Un exilé ! Allais-je visiter les vestiges de sa présence ? Allais-je visiter ce qui persistait après les remodelages, la valse des propriétaires successifs et les jeux de l'Histoire qui ont conduit cette place Royale à la place des Vosges ? J'ai craint, au cours de la première journée de vélo, qu'il ne reste plus rien qu'une collection d'assiettes en faïence sur un mur. Aussi ai-je, après mûre réflexion, décidé de visiter ce que près de quatre cent quatre-vingt-treize kilomètres de route à bicyclette ne parviendraient à amoindrir : la force d'un Victor Hugo. Je souriais en pensant à ces « quatre-vingt-treize » kilomètres.

À mi-parcours, une courte somnolence m'a conduit à trouver refuge dans un cimetière emmuré, tandis qu'il faisait déjà nuit noire. Au petit matin, je me suis réveillé, grotesque, parmi les morts. L'employé, à peine surpris, m'a proposé de remplir mes bidons. J'avais l'impression, comme Fauchelevent le dit au sujet de Jean Valjean dans *Les Misérables*, d'être « tombé du ciel » dans cette maison. À vrai dire, ni moi ni mon vélo ne sommes ressortis de l'enceinte en meilleure forme, car nous étions tout boueux.

J'avais établi ma couchette de fortune sous le préau du cimetière d'une commune dont je ne peux me rappeler le nom, à quelques encablures avant d'entrer par Fontainebleau dans la périurbanisation parisienne. Autour, des branches verdâtres enjambaient les murets, comme si elles se défiaient au saut en hauteur et voulaient rejoindre l'unique lampadaire du lieu. Dans cette campagne paisible et enserrée d'obscurité, alors que la peur me tenait à l'écoute de mon propre souffle, j'ai cédé au sommeil après avoir récité et embrouillé les mots que je connaissais d'Hugo.

J'ai été accueilli brièvement par les occupants de l'ombre. J'ai été un hôte malpoli, quittant comme un voleur le calme inquiétant de ce lieu morbide. En partant, j'ai pensé à cette raison étrange pour laquelle on s'y sentait si mal. Il n'y avait de place entre les tombes et le mur d'enceinte que pour une allée de gravier, que surmontait un préau communiquant avec la loge du gardien, vide et démeublée, et abritant un robinet et des arrosoirs. Ce préau m'avait offert l'hospitalité avec beaucoup de façon et un certain charme bucolique. Étonnamment, passé la crainte première d'être là le seul vivant, il m'avait été possible de me reposer entre les lierres. Je me trouvais ingrat vis-à-vis de ce lieu qui m'avait accordé le gîte nécessaire à une nuit sans rosée. C'était après tout ma faute si je n'avais pas souhaité dormir plus longtemps à Nevers, dans une auberge, ou chez une amie non loin de là, et le cimetière m'avait accueilli finalement tandis que j'avais décliné toutes ces possibilités sans trop savoir pourquoi. On se découvre facilement soi-même à travers ses obstinations. Au cœur de la nuit, j'avais pensé à cette phrase d'Hugo : « Qu'est-ce que la conscience ? C'est la boussole de l'Inconnu. »

Pourtant, cette nuit-là je ne me suis pas senti seul, en collant et sous mes couches de vêtements empilés tant bien que mal pour me réchauffer. J'avais l'air d'un grognard. Je suivais encore Hugo, bien mort lui aussi, je le suivais encore et je grognais en rigolant de ce cimetière dans lequel j'errais sous le seul lampadaire, dont l'intensité vacillait et ronronnait. S'il m'avait vu ainsi, qu'aurait-il pensé de moi ? S'il m'avait découvert là, entre un amas de terre, des tombes et un mur de lourdes pierres, aurait-il baissé les yeux et son menton vers moi, contrarié d'avoir ainsi été sorti de sa contemplation ? Je me suis satisfait de la suite d'un de ses poèmes,

> Je suis plein de regrets. Brisé par la souffrance,
> L'esprit profond d'Hermann est vide d'espérance.

Je suis plein de regrets. O mes amours, dormez !
Or, tout en traversant ces solitudes vertes,
Hermann me dit : « Je songe aux tombes entr'ouvertes ; »
Et je lui dis : « Je pense aux tombeaux refermés. »

Lui regarde en avant : je regarde en arrière ;
Nos chevaux galopaient à travers la clairière ;
Le vent nous apportait de lointains angelus ;
Il dit : Je songe à ceux que l'existence afflige,
À ceux qui sont, à ceux qui vivent. – Moi, lui dis-je,
Je pense à ceux qui ne sont plus !

En sortant du cimetière, j'ai compris d'où venait le bruit qui m'avait étourdi de peur au cœur de l'obscurité : on entendait au loin dans les ramures des arbres, tandis que je quittais le lieu, un grincement aigu provoqué par le portail.

Nous avons repris la route, Jean Valjean, père Fauvent, Cosette et moi-même, sans être vus. Pendant la nuit, Jean Valjean m'avait apporté de la clarté au milieu de cet horizon que mon phare n'était pas parvenu à effrayer. J'avais eu l'impression qu'il essayait d'ouvrir la route pour moi, de toutes ses forces, l'empoignant de chaque côté comme s'il voulait l'étirer. Après avoir roulé quelques kilomètres en zigzaguant entre les bandes blanches, je me suis résolu à les laisser là-bas. Irrémédiablement invité dans ces rêves, irrémédiablement ramené vers le réel par la littérature.

Il faisait doux et il y avait enfin à nouveau des rayons et des ombres devant moi. J'avais fait mon Ruy Blas rêveur, la veille, à croire tout possible. Au matin, je continuais à tout espérer du sort. Sacré loustic que ce Hugo !

Les gorgées mal comptées de liqueur avant de m'endormir n'étaient peut-être pas pour rien dans ma gaieté. J'avais dormi seul, éreinté, par saccades. Je me réveillais rajeuni, pimpant, à nouveau prêt au pédalage. Force était de constater que l'on n'avait enterré personne dans la nuit, *il n'y avait personne*. Pas de Jean Valjean laissé pour mort, pas même la révérende mère pour adresser au jardinier les mots : « Vous avez raison. La terre, c'est la même chose que l'homme », tandis que j'essayais de me rassurer pour trouver le sommeil entre ces monticules de pelouse. Il n'y avait que moi qui riais de ma déroute nocturne, puisque Jean Valjean ne venait pas de toucher le fond à mes côtés. Jean Valjean ne sentait pas non plus, comme je l'avais senti dans la nuit, le froid. D'ailleurs, il y a des choses bien plus fortes qu'un personnage le plus fort : je pensais au drame qui serait si nous nous amusions vraiment à jouer avec la mort. Pour se rassurer, toujours aller lire Auguste Comte. « L'humanité se compose de plus de morts que de vivants. » On se calme.

Ils me l'avaient appris cette nuit-là, sans le savoir peut-être : l'humanité devait compter sur eux. Cette phrase m'était avant tout apparue comme délicate, car j'avais justement eu l'impression de vivre momentanément dans le présent d'un Hugo plus que vivant à travers ses écrits. Je m'étais résolu pourtant à m'endormir, face à la barrière infranchissable que représentent nos époques, nos pensées, et au-delà de laquelle j'entendais rire les railleurs. J'avais fini par saisir qu'il ne pouvait revenir qu'à nous de rendre l'humanité dont des univers comme celui d'Hugo nous instruisent, et que nous taisons souvent derrière la poussière qui comble ses monuments. Il ne pouvait revenir qu'à nous de plonger corps et âme, de nous extasier ou nous offusquer devant ces sensibilités qui jadis mobilisaient les foules.

Après avoir poursuivi ma route, mangé quelques fois, pris une douche et enfilé des vêtements propres, je suis donc entré impatient dans son appartement, puis j'en suis ressorti déçu.

J'étais alors place des Vosges, ayant décidé de rouler pour l'amour de Victor Hugo. Arrivé au bas de son immeuble, j'y suis entré tandis qu'il faisait encore jour le long des arcades. Ma bicyclette reposait au rez-de-chaussée, aimablement gardée. Je me suis hissé dans les escaliers de la bâtisse en chaussettes, titubant, comme ivre d'un Nocturne de Chopin. J'étais invité là, guidé par ma conscience qu'il fallait que *je fasse quelque chose avec Hugo*, mais je ne pouvais pas faire mieux, dans l'impossibilité momentanée de poursuivre ma route jusqu'aux îles Anglo-Normandes.

Compte tenu de mes souvenirs d'enfance, de mon amour pour Hugo et du sublime qu'on avait cloîtré entre des miroirs et des écriteaux, tout ne pouvait que se frustrer d'un tel lieu miteux. *Dieu avait-il seulement été plus acclamé qu'un Hugo ?* Mélancolique mais quelque part profondément surpris par l'atmosphère de l'appartement, j'en suis venu à rêver plutôt d'un vieux Victor installé sous la nef de Notre-Dame-de-Paris et j'ai décidé de m'y rendre. Je l'imaginais grimper chaque soir sur les gargouilles, s'agrippant de ses doigts velus aux pierres de taille pour hisser sa bedaine. Je l'imaginais divinité à larges paumes. Je garde un souvenir amer de son appartement sombre, aux odeurs de naphtaline. Hugo l'avait quitté en 1852. Alors qu'il avait soutenu la candidature de Louis-Napoléon Bonaparte à l'élection de décembre 1848, ce dernier l'avait trahi : il venait de renverser la République et de ratifier par plébiscite le coup d'État. Hugo avait dû s'exiler dix-neuf longues années.

Je me suis évadé de son appartement comme d'un bagne, à la nuit tombée, et j'ai regardé Paris défiler entre mes roues tandis que ses trottoirs et son pavé reprenaient leur souffle de liberté. Un souffle qui n'était pas sans me surprendre, un souffle rauque comme le cri s'échappant d'une gorge ouverte et haletante : celui d'un Paris magnifique, brillant au cœur de la nuit et entraînant le grognard jusque dans ses ruelles clairsemées et ses giratoires gigantesques. Une femme jeune et de belle mine remontait vers le Panthéon à un rythme régulier. Je discutais avec Paris, meurtri. Je suivais ses boulevards, palpitais au sein de ses artères. Mais ce même Paris que j'avais laissé quelques heures auparavant dans le jour de la place Royale criait désormais. Il avait à la nuit tombée soulevé sa cape de misère et laissait remonter à la surface toutes les énergies inconscientes de la journée, les troupeaux de pauvreté, l'indigence masquée qui récupérait enfin son haleine tiède et affamée. Il laissait respirer à grandes lapées ces misérables auxquels on m'aurait sans aucun doute associé la veille, alors que j'étais couché sur le flanc, affamé.

C'est parce qu'à nouveau j'avais quitté mon confort, cette fois pour retrouver Hugo, que je connaissais leur peine. Je suis passé rue Notre-Dame-des-Champs, où Hugo lisait les ébauches de ses pièces, entouré de Mérimée et Musset, Sainte-Beuve et Delacroix, Vigny et Lamartine, et qu'ensemble ils déboulonnaient le classique.

Une capitale entière voyait sous mes yeux le temps s'arrêter, ses cycles se ralentir comme une dame contrariée en laquelle les voix se taisent et le cœur s'alourdit tandis que les ventres réclament une pitance maigre. De ce Paris, des barrières de jadis, où l'on chantait, criait et où l'on allait boire, tout prenait une autre allure. L'allure pour les uns de l'évitement, du pas feutré, pressé et discret – la réaction de ceux qui ne veulent pas voir, de ceux qui veulent se protéger de leur propre impuissance. L'allure pour les autres de la peine, la faim, la menace lourde – l'allure de ceux qui n'ont plus le choix, faute de n'avoir pu faire les bons, faute de ne les avoir jamais eus. Je traversais ce Paris comme on coupe à travers les Everglades : à la fois fasciné par la faune des marais qui remonte à la surface une fois la pénombre installée et inquiété par les comportements désespérés des prédateurs, proie de leur propre survie.

Au terme d'une boucle affligée à bicyclette, j'avais les yeux repris par la fatigue. Devant mon guidon, l'obélisque de la Concorde, jadis monument de gloire, n'était plus qu'un bras levé, une ambition dressée vers le ciel comme pour le crever en quémandant clémence et fierté, entouré d'une ruche de fixes sans domicile, de toiles de tente qui n'ont du bivouac non plus l'esthétique mais l'amère nécessité, du contraste non plus l'amour mais la mordante réalité de l'inégalité. J'errais comme beaucoup d'autres qui se croyaient tous aussi seuls que moi dans ce Paris, j'errais, ne remarquant plus même les colonnes et les clochers, les boiseries et les jardins. Je ne voyais plus que ce Paris qui ne parvenait pas à guérir. Ces tumeurs qui accroissaient son corps et auxquelles il ne prodiguait aucun soin valable.

De ce Paris en apparence attirant et ordonné, à qui les siècles avaient tout apporté : guerres et paix, succès et défaites, sacres et révolutions… que restait-il ? Aux fusils que l'on fabriquait jadis entre les mains des badauds s'étaient substitués les soldats désormais, marchant dans leur propre épuisement sous leur barda. On n'entendait plus s'échapper de toutes les bouches : « Patience, nous sommes en révolution », mais : « Venez, c'est Nuit debout ! » Paris semblait plein d'un déménagement qu'il ne savait où emporter, que les grosses cylindrées de chauffeurs précaires entrecoupaient en recherchant leur futur passager au-devant de cartons laissés à même le béton. Le parvis de l'École des mines, entre ses grilles fermées et son fronton, était devenu le dortoir que des chanteurs lyriques, maintenus agités par l'alcool et le froid, animaient sous le lourd triangle d'un panneau « Vigipirate ».

À nouveau, face à des camionnettes de soldats, face à toutes sortes de menaces que l'on ne sait même plus craindre, sous le couvre-feu des ordres rompus et remplacés, sous la domination des nations et les idylles d'un soulèvement populaire, suivant le cortège funèbre et remontant les bâtisses colossales d'un patrimoine respecté, tout Paris se brouillait et se débrouillait. Que restait-il d'Hugo ici ? Étions-nous la Cosette qui avance dans l'obscurité profonde, un seau à la main, vers un labeur effrayé ? Étions-nous perdus dans cette obscurité vertigineuse à laquelle l'homme ne sait s'adapter ? « Les Thénardier nous ont conduits là, disent-ils, votez pour d'autres Thénardier… » Plus de paroles, un ennui terrible, de joyeuses farces qui se succèdent, des personnages d'un boulevard qui veulent tous le premier rôle. Il restait des ego, mais en restait-il que la qualité des convictions et l'acharnement au travail mobilisaient ? Plus loin encore, la foule chantait à la barrière ses illusions et ses morsures tandis que dans le noir s'accroissaient la petite cour des Miracles et les duels d'arcades qui menaient aux étouffements. Il ne me restait plus qu'une chose à faire : rentrer chez moi en passant derrière les fourgonnettes blindées des vigilances ennuyées, relire Hugo, et demain remonter en selle avec mon carnet dans la poche pour Montreuil-sur-Mer. Hors d'ici, ce n'était pas si douloureux qu'ils le prétendaient avec leurs affiches. Dehors, il y avait partout des Jean Valjean pour rattraper nos seaux lorsque nous marchions à travers la forêt vertigineuse.

*

À Montreuil-sur-Mer, alors que je suis invité à une représentation des *Misérables* pour clore mon voyage, je suis surpris de la participation de toute la ville et de tous les corps de métiers à la pièce. Des chevaux, des décors, des artificiers, des enfants et des acteurs expérimentés. On me répond :

– Hugo n'aurait pas souhaité que ce soit notre profession. On est des gens simples, certains dans la force de l'âge, d'autres sortis des filets. C'est fier de faire ça ! On y travaille tous, à côté... Cinq cent treize mille mots, quand même, faut dire ! Puis... on n'est pas tous Jean Valjean ; on n'a pas tous fait fortune !

Nous rions avant d'être surpris par un éclat profond. La représentation commence. Mon hôte me fait un clin d'œil en s'éclipsant. Un boulet de canon tiré à blanc fend l'air, plus vrai que nature, et son écho secoue les remparts de la citadelle. Montreuil se moque de Vigipirate jusqu'au bout de ses ruelles. J'ai accompli ma mission en venant ici clore ce voyage. Entre les arbres et devant l'enceinte de la citadelle, Fantine m'apparaît comme une rédemptrice derrière le ténébreux Javert, et foule le pavé à mes côtés, à jamais.

IX

Au demi-jour

– Toujours tes barres ?

– Toujours. Datte et papaye cette fois.

– L'hiver sous les tropiques !... Et sur la chaise, le livre... c'est quoi ?

– Aujourd'hui c'est du Jules Verne !

– Avant-hier du Saint-Ex, ce soir du Verne...

– Oui. L'« hiver », comme tu dis.

– Ah... Il pleut encore. Tu te couvriras ? C'est qu'il peut neiger à nouveau, qui sait ? La nuit va te durer dehors, et pour nous ici...

– Ne t'en fais pas, je serai prudent.

– Tu n'es jamais prudent ! Tu pars seul...

– Je ne peux pas partir plus tard. Il faut que j'aille à Amiens, et puis je retrouverai ensuite la mer. Si je traîne, je devrais prendre une chambre où passer la nuit, encore. Je préfère rouler !

– Alors ne te couche pas dans le fossé cette fois ; je ne veux plus relire ça.

Elle a marqué un temps de pause puis s'est inquiétée.

– Es-tu certain pour Amiens ? C'est que la ville…

Les barres arrivaient en fin de cuisson et je les ai sorties du four. Sur la table, Victoire, qui me relit souvent, a trouvé une citation que j'avais notée au dos d'une facture : « Tu ne sais rien de la vie, et toute la vie il faut apprendre à vivre, a dit Sénèque ; je t'en conjure, ne te laisse pas aller à des espérances insensées et crois aux obstacles ! »

Elle a détourné le regard tandis que je lui parlais du pays vernien dont je reviendrais bientôt. Je la regardais et j'ai vu sa moue devenir terrible. Mère, femme, amie – c'était souvent la même réaction qui l'animait.

Victoire gardait ses yeux rivés au-dehors, voulant chasser ses inquiétudes, mais cela ne faisait que les accroître. Ses cheveux bouclés et immobiles lui donnaient une douceur. Elle paraissait calme en regardant par la fenêtre, pourtant sa mâchoire se crispait comme si elle allait elle-même se faire éclabousser par la pluie au-dehors. Elle s'imaginait tout un déluge. « Peut-il se sentir bien, immergé au milieu de cette eau ? se demandait-elle. Peut-il ne rien manquer à ses journées ? Et puis pourquoi… ? »

Il lui semblait lorsqu'elle cherchait les raisons de mes escapades que je ne connaissais pas moi-même les réponses. Il y avait bien sûr les aventures, les rencontres, la joie de tirer les kilomètres d'un minimum utile, la vélocité des corps. Mais il n'y a jamais une seule réponse au *pourquoi*.

La pluie redoublait. J'allais partir de nuit en sifflotant, crevant de mes pleins phares un paysage camouflé.

Elle a eu l'impression, dans mes derniers préparatifs, que la transpiration perlée se plaquait sur ses propres côtes et ruisselait dans le froid sur ses chairs, ce corps que j'aime. Elle pouvait presque sentir contre son oreille le bruit crissant des disques de frein rongeant les plaquettes, lorsque je freinais brusquement face au danger. Elle se souvenait dans ce transport du bruit de la nuit dans les profondeurs, revoyait tandis qu'elle dormait dans le lit vide cette musique métallique qui perçait l'obscurité comme les eaux, puis le son de mes cales qui se déclipsaient dans la cour. Elle émergeait de son sommeil quand elle m'entendait rentrer, talonner des pieds la pierre de l'allée. Certains jours elle entendait ma Causette déraper dans une arrivée trop élancée, signe d'un voyage heureux. Elle revenait à son tour à la surface tandis que je montais les marches puis s'assurait que tout était intact dans cet être qu'elle chérissait et, enfin, respirait. La machine était posée contre les piliers de la cour comme un submersible à son quai et les dernières lueurs d'électricité quittaient mes phares à mesure que la dynamo se vidait. Je marchais avec l'allure d'un cow-boy tombé de cheval. Les capteurs sur la machine se remettaient à zéro dans un ultime tintement.

Elle s'est levée, sentant qu'elle allait bientôt lire des anecdotes sur mes membres souillés de cambouis, violacés de gel, brûlés comme les coquelicots, ou intacts comme ceux d'un enfant – elle ne sait jamais à l'avance et c'est ce qui la tourmente dans l'absence.

– Où as-tu encore trouvé ça ? m'a-t-elle demandé, amusée. Elle désignait une cuiller qui semblait miniature dans mes mains.

– On me l'a laissée dans une sorte de boui-boui italien. Et tu sais comme j'aime l'Italie… D'ailleurs, c'est un collectionneur italien qui a rassemblé l'œuvre de Verne. Écoute son nom : Piero Gondolo della Riva. Comme une chanson du Piémont. J'ai aussi trouvé ça…

– Oh ! Mais tu l'as eu chez ce bouquiniste dans la rue… c'était bien à Compiègne ?… Tu l'as lu ?

– Je t'ai rapporté l'original. Il vient de la librairie Monte Cristo, je crois, après le Sénat. Je le lirai demain après t'avoir retrouvée. En tout cas le temps où je pensais la faune dangereuse de Paris à Compiègne est révolu. Enfin, je n'ai pas vraiment été dérangé par la même faune le matin que le soir…

Victoire observait mes découvertes et mes objets amassés, comme le timonier du *Nautilus* – qui se déversaient dans la pièce comme l'eau des ballasts contre la carène du sous-marin. Ce n'était qu'un maigre trésor et pourtant je rapportais dans mes sacoches tant de joies et de surprises. Mon regard de capitaine fouillait les poches de la machine et sortait d'entre les tubes métalliques des affaires rescapées d'une marée noire qui mazoutait l'espace de la chambre. Elle se souvenait, lointaine, que finalement l'objet ne l'intéressait pas tant que l'histoire que j'évoquerais pour elle en faisant couler sur mon corps quantité d'eau chaude ou froide, toujours en contraste avec le dehors, alors que je me doucherais avant de la rejoindre, enfin, contre sa peau. Revenu d'Amiens et de Jules Verne, ou du Crotoy et de ses maisons colorées dans le ciel gris de l'hiver, je lui raconterais toutes les petites greffes inattendues du voyage, comme ces gens qui m'avaient invité à dîner de charcuterie grillée dans la pause à Abbeville. Alors elle ne serait plus interrogative sur cet élan irraisonnable qui palpite au bout de mon cœur lorsque je pense à des pages de lectures, car en fermant les yeux elle aussi verrait ses propres lectures d'enfance.

Après m'avoir raconté sa semaine rythmée elle m'a demandé une dernière fois comment était ce voyage, et quand j'ai eu fini de lui raconter la visite de la maison, si je l'emmènerais quand elle ne travaillerait plus. Et comme presque chaque fois elle s'est endormie en rêvant à ces pays où j'étais quelques heures auparavant invité de mes lectures, tandis qu'elle nageait çà et là entre deux affaires.

Dans son esprit revenaient alors des souvenirs de son enfance à elle. Elle pensait à Passepartout quand je me souvenais d'Aronnax, et par analogie elle préférait chez Hugo le condamné plutôt qu'Esmeralda ou Jean Valjean. Mais l'essentiel était que lorsque je revenais de mes équipées avec mes anecdotes elle retournait dans ses mercredis d'enfance, lorsque après la musique elle restait jusqu'au soir au bord des acacias à lire des voyages extraordinaires ou des affaires criminelles. La petite fille qu'elle avait été entendait à nouveau le capitaine décrire la double coque de tôle et la faune sous-marine. C'était enfin qu'elle trouvait le sommeil contre moi, chassant les peurs de voir à nouveau partir celui qu'elle chérissait.

Quelques jours plus tard, tandis qu'elle ne pensait plus à Jules Verne quittant la baie de Somme, la roue de son *Saint-Michel* entre les mains, elle est tombée sur mon écriture sur un papier prêt à être retranscrit. Les lignes noires débordaient de partout, les mots tombant comme des mouettes vertigineuses – c'est qu'il faut suivre la pensée parfois lorsque l'on écrit lentement… Sa curiosité courait les lignes en sautant les mots comme une barre de vagues mais elle parvenait à lire au milieu des phrases quelques-unes de mes expressions, à ne plus savoir en déchiffrer l'écriture manuscrite.

J'allais remontant le cirque commandé par Verne, sur la place Longueville, par le boulevard en son nom. Dans Amiens, le ciel rare […]. À l'angle de la maison bourgeoise c'est une plongée dans un monde de découverte qui commence. […] La façade du n° 2 rue Charles Dubois est celle d'une bâtisse construite dans le quartier par lequel la ville s'est étendue, par le sud, et on y distingue une tourelle ronde à larges ouvertures surmontées d'arceaux d'acier

[…] l'époque des grandes découvertes et, comme le disait justement Michel Butor à propos de l'œuvre de Jules Verne, l'époque d'un « long désir du monde ». […] élu conseiller municipal d'un passé perdu ? […] On entre d'abord dans la maison en passant des lanternes de cuivre frottées récemment, qui éclairent le porche. Étaient-elles similaires à l'époque ? […] La façade comporte des ajouts en carrelage avec des motifs organiques et des lignes semblables aux gravures de papier qui ornent les œuvres de l'écrivain. Ce sont, d'après mes recherches, des génoises « Art Nouveau ». Littéralement : frises en carrelage que l'on ajoute sur une architecture. Un peu l'équivalent moderne d'une métope comme celle des Grecs, me fait remarquer plus tard Fleur dans une conversation. Dans l'imposante cour pavée, il y a toujours ces mêmes lanternes en cuivre qui m'évoquent justement un navire. Pour la première fois depuis le début de mes périples, je trouve des arceaux prévus pour reposer mon vélo à côté de la verrière. […] « Jules Verne, malgré toi, tu es toujours grand ami du progrès ». […]

On pénètre dans la maison au cœur d'un voyage fantastique, bien qu'ajusté par les conventions. C'est une des seules maisons d'écrivains qui ne m'a pas laissé, à ce jour, sur ma faim de littéraire mélancolique. C'est pourtant la demeure d'un époux bourgeois, plein de loisirs mais à l'ostentation contenue. […] Je repense à ces dessins d'Hergé qui présentent des submersibles tandis que j'aperçois cette maquette du « Nautilus » avec sa vigie de cristal. […]

À l'étage, ce large fauteuil en cuir à double accoudoir fait face à une table de bois noir à huit pieds [...] entre un poêle blanc et une bibliothèque vitrée, comme le reclus d'une maison nouveau genre. [...] À Amiens, entre les briques d'un passage silencieux [...] il emménage en 1871 après avoir quitté Le Crotoy où il naviguait sur le « Saint-Michel », le patronyme de son fils, [...] un ancien « bourcet-malet » de pêcheur, modifié par Verne [...]. Il écrit « Bourset Malais » sous le dessin à main levée et obtient le navire un an avant de venir vivre au Crotoy. [...] dans cette attache qui n'a plus beaucoup de chaluts [...] survivre de la pauvre pêche à la crevette grise désormais [...] face à la sophistication des pratiques de guidage en mer, malgré tout, on s'étonne des familles de pêcheurs [...] qui demeurent dans la tradition de l'or gris. Le rêve d'un voilier à soi nourrit l'homme comme un roman de voyage en puissance, où tout est à la fois écrit d'avance pour l'auteur et à écrire sur des pages vierges comme une écume de large. [...]

Voit-il déjà dans le courant à cette époque des phoques (lions et veaux marins) qui amusent un Jules Verne ennuyé loin de l'eau ? [...] Voyager est le plaisir de ma vie, dit-il, tandis qu'il confirme la maxime de celui qui, même une fois capitaine du « Saint-Michel III », un yacht de 31 mètres qui fait de l'ombre au petit dix-tonneaux d'antan, fuira les salons parisiens pour profiter des charmes de la Manche.

Vingt années à Nantes à regarder le large depuis l'île Feydeau, vingt-trois années à Paris à s'instruire de Salons et de Sciences, trente-quatre années à Amiens. [...] Est-ce là toute l'œuvre que l'on peut lier à sa vie ? Doit-il laisser derrière l'homme, comme le dépôt d'une imagination, un simple salon de réception avec un immense tapis sur un parquet à bâtons rompus, un lustre montgolfière à pampilles et une salle de lecture ?

Je m'échappe des lignes sinueuses de sa maison à regret car je m'y suis déjà attaché en quelques visites. Dans le cimetière de la Madeleine, Jules Verne est dans la roche grâce aux soins d'un sculpteur de la région, Albert Roze. Verne est décédé le 24 mars 1905, à soixante-dix-sept ans. Sa tombe est un chef-d'œuvre de pierre blanche, « Vers l'Immortalité et l'Éternelle jeunesse », où il est représenté la main droite levée vers le ciel comme s'il cherchait à écarter un rayon l'éblouissant, en quête d'imagination que les Sciences conduisent.

Elle a pris le crayon dans sa main et ajouté un sonnet de Jules Verne sur lequel elle était tombée pendant mon absence.

Quand par le dur hiver tristement ramenée
La neige aux longs flocons tombe, et blanchit le toit,
Laissez geindre du temps la face enchifrenée.
Par nos nombreux fagots, rendez-moi l'âtre étroit !

Par le rêveur oisif, la douce après-dinée !
Les pieds sur les chenets, il songe, il rêve, il croit
Au bonheur ! – il ne veut devant sa cheminée
Qu'un voltaire bien doux, pouvant railler le froid !

Il tisonne son feu du bout de sa pincette ;
La flamme s'élargit, comme une étoile jette
L'étincelle que l'œil dans l'ombre fixe et suit ;

Il lui semble alors voir les astres du soir poindre ;
L'illusion redouble ; heureux ! il pense joindre
À la chaleur du jour le charme de la nuit !

Il lui a fallu quelques minutes et une nouvelle page pour relire le poème. C'est en y pensant que la jeune amoureuse a quitté la pièce après avoir lu à la volée le manuscrit du périple, privilégiée du matin comme un invité qui visite les coulisses avant un spectacle.

X

L'hôtel des étincelles

À Biarritz, après ma traversée en diagonale de la France par Chartres, Tours, Angoulême et Bordeaux. Août 2017.

J'avais appris chez Jules Verne que son deuxième voilier (le *Saint-Michel II*, donc) avait été revendu deux ans après qu'il eut récupéré la barre. Des pilotes de Saint-Nazaire l'avaient repris en propriété, puis il était redevenu un bateau de plaisance et avait été rebaptisé *Catleya*. Après des recherches rapides, je trouvai ce que ce nom m'évoquait et je décidai de me remettre en selle pour en avoir le cœur net. J'enfourchai ma bicyclette, cap au sud, du côté de chez Swann.

*

En langage proustien, « faire catleya » signifie poliment faire l'amour à la façon d'Odette de Crécy et de

Charles Swann. « Et peut-être cette manière particulière de dire “faire l’amour” ne signifiait-elle pas exactement la même chose que ses synonymes », nous dit le narrateur de la *Recherche*. Le catleya devient chez les amants le symbole d’une douceur accordée, que Proust décrit spontanément comme un jeu érotique qui s’installe, récurent. C’est même leur emblème, tout comme la mélodie de Vinteuil est leur hymne.

En langage botanique, je découvre que *Cattleya labiata* est une orchidée aux fleurs mauves isolées et très parfumées.

En langage vernien, je me plais à rêver une filiation entre son voilier le *Saint-Michel II*, qui fut finalement coulé pour vétusté au large de Belle-Île en 1913, et la publication du premier tome de la *Recherche*, arrivant par coïncidence la même année.

Pour me rendre jusqu’à Illiers-Combray, je quitte Le Touquet et sa Côte d’Opale au petit matin. Je vais en direction de Chartres, où j’ai rendez-vous avec des amis pour la nuit. Le soleil se lève entre les haies du bocage.

Ce que je préfère dans le Pas-de-Calais, ce sont les rencontres fortuites avec les panneaux. Avant le lever du jour, j’ai traversé Cucq, Rang-du-Fliers, Berck, Conchil-le-Temple, Machy, Rue, et Le Crotoy. Cela ne s’invente pas, cette France des panneaux. À elle seule, elle invite à tant de jeux de mots. Je remonte la départementale 940, qui transperce la côte et qui frôle les maisons peintes à moitié en noir et à moitié en blanc, comme des colombages presque normands.

La D940 est seule et unique route, ici, à être directe. Elle traverse le pays côtier en prenant le relais de la chaussée Brunehaut, magnifique route au départ d'Amiens, mais qui est un enfer, car son revêtement est comme du papier de verre et que les automobilistes y bombent les moteurs. Selon la légende, Brunehaut, alors reine des Francs, fit construire des chaussées sur le schéma des anciennes voies romaines. Mais Brunehaut, fille d'Athanagild, roi des Wisigoths, décéda non en bâtisseuse mais en martyre, attachée par les cheveux et les bras à la queue d'un cheval indompté, et traînée dans une course furieuse sur son propre sang. Si sa mort marque la déchéance de la ligne mérovingienne, je la remercie toutefois pour cette route que j'emprunte ce matin jusqu'à parvenir dans les forêts où la Somme, minuscule ici, dessine des tableaux de pêcheur comme des aquarelles patientes.

Je change de région plusieurs fois, en jouant avec les limites frontalières des départements. Il y a pour mon divertissement des chevaux et, à mon grand étonnement, un chameau qu'un cirque environnant laisse paître dans un enclos de corde.

C'est dans un lieu à l'ambiance très *Chasseur français*, à Senarpont, au Café de la Place, que se tient une des rares rencontres locales de ma sortie à bicyclette ce jour-là.

Lorsque j'entre, je suis immédiatement surpris par deux ou trois éléments décoratifs qui me font écarquiller les yeux. Sur les tables et les étagères, des animaux de toute taille sont empaillés et dressés sur leur socle. Parmi eux, un blaireau adulte, quelques renards assez maigres, un sanglier dans un coin poussiéreux de la pièce et un chien similaire à celui qui court, vivant, entre les tables. Que le cafetier ait véritablement une passion pour la taxidermie ou non, je l'ignore encore.

Ce que je parviens à élucider lors de mon enquête matinale, c'est que le café allongé coûte dans cet établissement quelques dizaines de centimes et qu'il n'a pas beaucoup plus de valeur que son prix. Il évoquerait plutôt la délicatesse d'un jus de vidange décanté. Mais c'est compter sans le doux « Pichon » (à entendre avec l'accent presque picard, car on sait que les gens fréquentant la mer ont toujours une intensité supplémentaire dans l'hermétisme de leur accent) qui se frotte à mes jambes tandis qu'à la table voisine les seules âmes du café avec la mienne et celle du cafetier sont deux dames, apparemment fort affairées à une pédicure. Elles sont en maillot de bain. L'une est la mère et dit bien fort à l'autre en déposant du vernis sur ses ongles de pied : « Si avec ça y va pas réussir à t'embobiner, l'garchon ! Tu ne vas jamais t'manger des caresses ! » La fille est dans un maillot très disco. Elle présente ses cheveux terminés par deux anglaises au soleil qui traverse la fenêtre grasse.

Il n'y a que Pichon, maintenant assis sur mes genoux de tout son pelage tiède, pour me retenir de partir en courant. La bestiole poisseuse est un adorable animal qui vit avec le fantôme bien réel de son prédécesseur, un animal de la même race et éventuellement de la même famille, que son maître a décidé d'empailler afin d'en garder un souvenir physique. Si la destinée du taxidermiste se poursuit, Pichon n'aura jamais aucune chance de sortir de ce fameux café où il déambule triste et gris, même les quatre pattes grises vers le ciel.

Je le quitte moi-même dans un élan inespéré d'avoir survécu à ce café, alors que tous les locaux y grattaient des grilles de jeux comme des puces tenaces.

Ce n'est dirigé contre personne, mais parfois l'extérieur m'est une agression. Lorsque je me déplace seul, j'aime faire ces rencontres. Elles sont les îlots de repos du voyage. Mais parfois, d'un coup plongé dans le vacarme de conversations non désirées, on se sent comme délogé de soi, griffé par les aléas d'autrui. Il faut fuir, fuir !... rencontrer tout à coup quelqu'un et savoir que l'on est prêt, que l'on s'est installé dans l'attente de sa rencontre et que tout ce qu'il va nous dire ne sera qu'un contentement d'amitié. Mais pour savoir parler à quelqu'un, le plus important est d'avoir su être à soi, sans quoi on ne peut être qu'indigne d'amitié. Il faut s'écarter pour se sentir enfin attiré. Je n'étais pas prêt, au petit matin, autant que je le suis à la tombée du jour. La nuit rend souvent si bavard, faute de vision...

Je reprends ma traversée sur les routes de campagne. Bientôt ce sont les grosses plaines céréalières. Si la France est grande et peuplée, c'est dans ces déserts que l'homme craint de n'en voir jamais le bout « avec son corps d'insecte, si petit dans cette immensité », comme le disait Zola. Après sept heures de route les images se troublent. On prierait pour qu'une ondée crève, pour qu'un arpent de haie nous accueille dans sa fraîcheur. Mais il n'y a rien, ni piscine ni repos. Juste ce ciel de flamme qui abat les efforts discontinus, cette aube et cette nuit qui sont trop éloignées, comme des champs d'étincelles. Alors il ne reste en ce mois d'août nourricier rien d'autre que le pédalage rondement mené, la mécanique huilée que j'entends bourdonner depuis le matin. Le matin qui justement m'apparaît comme une tourbe si lointaine et où il faisait si frais encore…

Sur la terre beige, brûlée et infertile maintenant, seules se dressent quelques mèches oubliées. J'ai croisé de nombreux animaux en Picardie, des habitats troglodytes dans le Val-d'Oise, puis plus rien. Nous sommes dimanche, il n'y a nul endroit où se restaurer. J'ai deux options : continuer avec ce que j'ai ou me rapprocher de Paris.

Je continue de tourner les jambes en épuisant mes dernières réserves dans l'espoir de trouver une zone commerciale ouverte en cette journée blanche. Autour de moi cependant il n'y a toujours rien. Pas de route qui croise mon chemin, pas de miettes à ramasser dans les champs. Rien que cette Beauce tondue et noyée dans la crue des cultures sans vie. C'est le sol des paysans âpres au gain que décrit si bien Zola dans ce que je pense être son plus beau roman, *La Terre*. Dans le balancement cadencé de mon corps je vois, malgré la lenteur de mon avancée, une route qui achève d'être usée. Seul, en danseuse, on se donne l'air grandi quand la ligne d'horizon apparaît ronde comme une mer.

Lorsque je traverse l'un des maigres villages de cette région qui nichent plus qu'une ruelle et des corps de ferme vides, il est rare qu'il possède une boulangerie et plus encore que celle-ci soit ouverte en cette période de congé, de sécheresse. C'est le pont du 15 Août. Dans les cimetières, les robinets sont fermés, seul un filet d'eau de pluie s'écoule d'une citerne douteuse. Un peu plus loin me rencontre une fontaine à pompe qui grince mais ne crache rien qu'un bruit de rouille. Le matin même je me baignais les bras aux alentours d'Aumale, en Normandie. Je rêvais de revenir ici pour me rendre au Neubourg, à Pont-l'Évèque, à Trouville : dans les terres de Flaubert où les romans de mon enfance, *Bouvard et Pécuchet* comme les contes, s'enracinent. Mais le bocage est fini, les rues à colombages fleuris disparaissent.

De temps à autre je distingue encore une maison de plain-pied, et alors ce même tableau que j'ai vu le matin maintes et maintes fois se recrée devant mes yeux. C'est le tableau d'une campagne encore féodale en apparence, avec son corps de ferme en grosses briques peintes de noir à mi-hauteur, puis de blanc. Il m'évoque une de ces toiles que j'ai vues à Orsay, une peinture à l'huile d'Albert Baertsoen. Elle s'appelle *Petite Cour en Flandre au crépuscule*. Tout y est. La maison avec la toiture de brique, les toitures au loin, ce reflet dans l'eau stagnante, ces lumières particulières des heures vides.

Dans la Beauce, les champs sont ouverts comme des plaies sur le ciel. Dans les cours des fermes, qui ne sont plus des petits bâtiments d'un autre temps en pierres de basse taille mais des usines de silos fermés gigantesques, on ne voit plus d'animaux. Rien que des grosses machines qui ne parlent pas mais qui respirent et qui craquent sous leur métal chauffé. Plus je pédale ici, plus je pénètre dans un monde monochrome, à culture unique. Tout est beige. La route crottée par les engins agricoles, la lumière du jour qui passe, les terres laissées à sécher.

À vingt heures, près de trois cents kilomètres après mon départ sur ces routes en dents de scie, j'arrive à Lèves, dans la banlieue de Chartres, ému aux larmes. D'habitude, je ne coupe pas la réflexion personnelle que permet le voyage. Mais depuis la plaine du Beauvaisis je ne parviens plus à me concentrer sur ces petits détails qui font de mon errance une joie grandiose. Ici, je m'ennuie, je m'épuise sur un tapis roulant qui semble sans arrêts et au bout duquel une image fixe trône, seule offerte à des variations de lumière et de chaleur. Lorsque je me dis à moi-même : « Si tu ne peux plus rouler, apprécie ce que tu fais », rien ne se déclenche. Je ne connais pas cette irradiation d'adrénaline qui parfois m'entraîne au-delà des difficultés. Diminué par l'absence d'eau dans les cimetières, qui m'empêche de recharger mes bidons comme des cartouches au cul des citernes, je me laisse brûler par le soleil. Dans ma solitude, j'entreprends d'écouter *Une vie* de Veil en livre audio.

Jamais je n'aurais pensé trouver dans le Val-de-Loire une résonance si grande avec ses mots. Jamais je n'aurais pensé fondre en larmes en l'écoutant me parler de rationnement, de chaises vides autour de la table familiale, des longues plaines de torture que traversaient les trains roulant vers les camps de la mort, d'où elle est ressortie vivante mais non pas indemne. Son histoire, par la proximité qu'engendre sa lecture à mon oreille, met ma disposition à affronter toujours plus d'imprévus depuis le matin à rude épreuve, face à la douleur que je partage avec elle, malgré moi.

*

Je quitte la Beauce le lendemain, avec la même impression que celle ressentie lorsque je suis arrivé à la seconde partie d'*Une vie*. Meurtri par ce qu'elle m'a fait découvrir, mais reconnaissant pour ce qu'elle enseigne à l'homme que je veux être. Pourtant, on ne peut se décourager lorsque l'on entend de telles histoires.

Un peu avant de franchir la Seine, je longe le Vexin par la vallée de l'Epte. Là, dans un écrin de verdure, persiste un ultime îlot : un restaurant-buffet. Je l'atteins autour de quinze heures et je suis accepté pour le service sans broncher. La nourriture est là, étalée, la mayonnaise ayant tourné.

Je ne suis qu'au début de mon voyage et je suis déjà désorienté. J'avale les bouchées deux par deux en écoutant le restaurateur me parler de son enfance à Chartres, sans trop de raison. Ce n'est pas vraiment un dialogue. Plutôt un épanchement.

– ... la ville de Jean Moulin, m'sieur ! La ville des partisans de la lumière. Voyez, jeune homme, j'étais moi-même tambourin au lycée Marceau...

D'un coup il se lasse de ses propres répétitions (sans doute) et il me dit :

– Vous venez pour quoi, au fait ?

– Zola.

– Zola ? Vous venez ici pour Zola ?

– J'aime particulièrement l'un de ses livres. Le village qui lui a inspiré un des Rougon-Macquart est pas loin d'ici. D'ailleurs, vous me faites penser à l'un des personnages de *La Terre*. Vous l'avez lu ?... Non ?... Bon, on l'appelle Jésus-Christ dans le bouquin. Mais attention, c'est pas le personnage principal, enfin, il y en a toujours un comme ça chez Zola, mais ce que je veux dire c'est qu'il est...

– Merci, c'est gentil. Je sais pas pourquoi vous dites ça, m'enfin il s'appelle Jésus votre type...

Je m'en veux presque, mais je ne dis plus rien. Il a vu ça comme un compliment. Au moins, ça lui a fait plaisir, on dirait. Je repasse au buffet.

À la table derrière discutent des membres du corps médical. Ils parlent d'autopsie tandis que leurs couteaux rayent la porcelaine. L'un est gras et gros, l'autre semble asséché jusqu'à ses oreilles plaquées contre son crâne dégarni. On dirait deux personnages reclus ensemble sans autre solution, mais ils ont une conversation sur la dissection avec la banalité d'un dégoût que leur métier ne leur fait pas ressentir. Le buffet, un assemblage de chariots de métal qui contient des bacs chromés remplis de pitance et de viande en libre-service, m'apparaît désormais moins certainement comme ce que je souhaite manger.

Alors que je réponds à un message sur mon téléphone, le restaurateur revient vers moi.

– Vous devriez pas rester là sur l'écran. Y a tout un monde au-dehors que vous ratez.

– Mais dehors… oui, je sais bien, j'en viens.

À ma tenue et mon appétit coupé net, il ne manque pas de voir que j'y étais presque mieux qu'ici.

– J'ai jamais voulu foutre la main là-dessus, moi.

Il désigne mon téléphone posé sur la table.

– Tenez, j'ai cinquante-huit balais, eh ben, même le 3310, j'y touche pas à ces saletés… Vous pourrez même plus arrêter de travailler et prendre votre temps après ça. Je vous le dis, j'ai trouvé la solution… J'ai un téléphone fixe assez gros, les anciens, là, comme on avait, avec la roue ! Eh ben du coup il est toujours derrière le comptoir. Et comme les fournisseurs m'appellent souvent, du coup... c'est qu'il y a le restaurant, vous voyez, faut que ça tourne... du coup je disais... oui, voilà... que je reste toujours derrière le comptoir. Puis avec mon vieux qui clopine, il appelle un peu à tout moment lui aussi. La nuit je dors juste à côté... C'est mieux qu'un téléphone.

– Mais du coup le monde du dehors... ?

Il me regarde, pantois.

– Ben dehors c'est que...

À nouveau il a une saute d'humeur et embraye :

– Et dites, je vous sers un café avec ça ? C'est pas à côté, Chartres, avec votre biclou. C'est qu'il pèse ! Enfin, c'est pas méchant, il est beau... Savez ce qu'il disait, Coluche ? « Y a un sport qu'est dur, c'est le vélo. C'est dur le vélo. Oh là là ! Qu'est-ce qu'il faut être con pour faire ça comme sport ! »

– Merci...

– Ah non non, je voulais pas dire ça ! Enfin, comprenez...

– J'aimais bien Coluche. Et puis c'est vrai qu'il faut être un peu déjanté parfois.

– Z'êtes trop jeune, vous, pour Coluche, nan ? Quelle année ?

– 1997.

– La vache ! Il se lève neuf ans après sa mort, le p'tiot... Vous êtes jeune ! Faites pas cette tête, je connais bien Colucci. Allez, c'est pour la blague, le coup de tout à l'heure... Je ramène une bière si vous touchez plus au téléphone !

– C'est d'accord, mais pas longtemps, je dois encore rouler.

Il revient rapidement avec non pas une mais deux bières, et s'installe.

– Allez quoi, il coûte combien votre vélo ?... Et l'écran, c'est pour le doping ?

– J'aimerais bien, j'avoue, avoir un moteur parfois. Tac, la machine s'allume et dans la montée je m'envole. Non, pas de moteur, pas de triche... Pour quoi faire, d'ailleurs ? Et le prix c'est dur à dire, je l'assemble moi-même, depuis les rayons des roues jusqu'aux réglages, ça coûte moins cher ainsi. C'est pas le plus performant mais c'est pas si dur...

– Ah, clair ! Je viens de vous le dire : c'est trop dur, le vélo. Et puis vos distances, là...

– Ne vous inquiétez pas, je ne suis pas végétarien.

– Végétarien ?

– Il paraît qu'être végétarien et cycliste à la fois... c'est le pompon de la connerie. C'est pas moi qui le dis, j'ai rien contre les végétariens et encore moins contre les cyclistes, c'est un bouquin !

Il lève la tête comme une otarie pour humer l'air. Au loin, une sonnerie retentit.

– Ah. Attendez, c'est le téléphone. Au fait, j'adore les végétariens. C'est un buffet à volonté à l'auberge, alors, vous comprenez...

Comme ça sonne encore, il regarde, déçu, le comptoir et se lève en me disant, la tête tournée vers l'arrière :

– Filez si besoin, c'était un plaisir. La prochaine fois, vous prendrez bien un pousse-café ?

On a longtemps considéré Zola comme un grand maître de l'objectivité. En reprenant mon avancée, je pense à une phrase pleine de rudesse mais qui me fait sourire par la tendresse qu'elle sous-entend quand même. Je l'ai trouvée dans *La Terre* et elle dit : « On n'a pas idée du mal qu'on a avec les vieilles gens ! C'est plein de manies, de mauvaises habitudes, et ils en crèveraient, plutôt que de se corriger... »

*

Enfin j'arrivai à Chartres. Je passai la soirée avec des amis autour d'une table accueillante qui à elle seule valait bien des peines. En longeant le château de Maintenon je retrouvai la fraîcheur, les routes et les petits canaux qui m'avaient manqué pendant près de deux cents kilomètres.

Mme de Maintenon, qui vécut là, n'était autre que la petite-fille d'Agrippa d'Aubigné et l'amante, puis l'épouse, du Roi-Soleil, celle pour qui Jean Racine écrivit *Esther*, à sa demande. Les nombreuses architectures et époques qui se brouillent dans ce château me laissèrent conquis jusqu'à ce que je trouve le sommeil, dans la proximité de l'eau, chez des amis.

Je me couche affairé à ma journée suivante où j'irai visiter Combray, car l'objet principal de mon dernier voyage est proustien.

*

On entre par la départementale 149 non pas dans un lieu mais dans une époque que les proustiens comme les commerçants cultivent. Ici, une pâtisserie propose les « authentiques » madeleines ; là, une maison est devenue musée et abrite sur son fronton une plaque mentionnant que la « tante Léonie », Mme Amiot, y a vécu. C'est toute une affaire d'entrer en littérature.

À la visite, on se rend vite compte qu'Illiers – ou plutôt Illiers-Combray, en hommage à son suffixe littéraire – n'est pas un lieu à proprement parler, physique et réel. On dirait plutôt une illusion temporelle entre Beauce et Perche, comme l'un de ces draps que parviennent parfois à faire tenir quelques instants les magiciens, avant que le secret ne s'évente à l'exercice des sens.

C'est la vision d'une enfance pour certains, d'une France des lectures proustiennes et des illustrations historiques pour moi. On glisse dans Combray comme dans la fiction, en sentant revenir à soi les souvenirs qui se greffent à des objets que l'on a l'impression de connaître mais qui se présentent avec un décalage et que la mémoire ne parvient pas à resituer d'emblée. Illiers-Combray n'a pas vraiment changé, à en croire les images exposées çà et là. Il y a toujours le Pré Catelan route de Tansonville, que Jules Amiot avait agencé à l'anglaise avec des essences exotiques et variées, et qui a inspiré celui de Swann dans l'œuvre proustienne.

Il est difficile de s'attaquer à une description d'Illiers-Combray cependant, tant les archives sont nombreuses et les proustiens loquaces. Cela étant, les écrits consultés avant de venir ne mentaient pas en décrivant des maisons à pans de bois « au dos laineux et gris », serrées comme des moutons autour de leur berger. De loin, bien sûr, je me suis laissé guider par le clocher de l'église, qui a tant fait parler de lui et qui laisse imaginer un jeune narrateur fébrile arrivant par le chemin de fer en guettant par la fenêtre. Avancer jugé des clochers est une habitude prise en me rendant à Barcelone par le chemin des cathédrales. C'est entre six et neuf ans que Marcel Proust vint dans cette cité où il n'y avait que trois fois rien afin d'y passer les beaux jours. Ce « trois fois rien », il le décrit avec grandiloquence et s'arrête sur des détails habiles. Ainsi, il a su voir une mante dans la cape d'une église, certes plusieurs fois remaniée et évoluant vers le gothique, mais qui n'a pas grand-chose pour nous attirer… Il a décrit aussi bien Swann que Françoise, dans les cuisines. Il a évoqué avec poésie à la fois la haie d'aubépine et la balade. Il a surtout pensé à ce qui s'applique si bien à ce petit bourg : des souvenirs sensoriels, un temps stratifié à la géographie, une arborescence.

Un peu avant Pâques, le jeune Marcel arrivait en sachant qu'il passerait le plus clair de son temps dehors, le jour, au milieu d'une région verte qui contraste avec les plaines l'entourant, et dedans, le soir, devant une lampe mystérieuse qui projetait sur le mur des images pour l'enfant anxieux qu'il était. Et il y a de quoi sans doute être anxieux ici, dans ce village où la nuit chaque bruit devient inquiétude, où le silence bourdonne au bruit de la cire qui est soufflée.

C'est que, même si déguster des madeleines lorsque l'on a beaucoup roulé à bicyclette est un plaisir certain, on est tout de même surpris par le fait qu'il n'y ait rien d'autre à Illiers-Combray que l'héritage de Marcel Proust et de sa famille paternelle. C'est une ville dure où fréquemment on ne se sent pas à l'aise, encore plus lorsque l'on vaque dans les ruelles en tenue de cycliste. Il y a bien sûr un pré avec un pigeonnier, ces fameuses haies d'aubépines et une église « résumant la ville, parlant d'elle et pour elle ». Mais il faut surtout imaginer le village comme une fourmilière anesthésiée où se sont amassés des souvenirs, des objets, des clins d'œil à la vie de l'écrivain.

Ce bourg classique d'Eure-et-Loir, aux portes de Paris ou de Cabourg, est désormais visité par toutes les nationalités, qui y entretiennent une flamme littéraire. Les visiteurs font revivre dans les intermittences d'une passion le village que le narrateur décrivait déjà comme un lieu où « le prêtre [...] était souvent appelé pour les mourants ».

Je fus déçu, je l'avoue, de ma flânerie, et la valeur d'Illiers-Combray est plutôt celle d'un écrit, témoignant d'un temps perdu que le génie de Proust est parvenu à rendre intact. S'il est agréable d'être entouré de verdure de la gare à la place du marché, et que l'on ne peut que saluer des initiatives littéraires telles que l'aménagement de ce village, néanmoins j'éprouvai un plaisir certain à le quitter. Le soir qui suivit, je dormis à Tours, un peu maussade de ma visite à Combray, qui ne peut, en définitive, qu'engendrer une relative mélancolie chez tout lecteur de Proust.

*

Je me souviens avoir enjambé l'un des ponts de Tours à l'heure où Balzac se serait réveillé pour commencer à écrire. Tours dans la nuit est encore plus charmante. Tours est un lit d'eau, un tableau de Max Ernst où la ville est nue, et comme beaucoup d'autres cités moyennes elle n'est pas tant visitée par les jeunes Français, lesquels sont attirés ailleurs. Rabelais, Ronsard, Bonnefoy ou Senghor, du beau monde pourtant a levé les yeux dans ces rues étonnantes de bourgeoisie endormie. Balzac disait de la rue où il était né qu'elle était « une rue qui ne s'use pas [...], une rue bien bâtie, bien lavée, bien coiffée par de jolis toits bleus, [...] toujours entre ciel et terre, une rue à laquelle rien ne manque », et il ajoutait avec humour (était-ce de la fatalité ?) : « et de fait, c'est la vraie rue, la seule rue de Tours ». Il se serait peut-être étonné d'y voir aujourd'hui déambuler un tramway aux allures futuristes.

Je réceptionnai mes clés de chambre d'hôtel ce soir-là avec beaucoup d'amusement. Ce n'est pas dans mes habitudes de dormir confortablement durant mes périples, et je n'avais pas de grandes exigences : j'étais épuisé. Les lieux d'ailleurs étaient bien tenus, calmes, avec des boiseries proprettes. Je traînai dans les couloirs avec pour seul apparat une honteuse tenue de cycliste. Ah… très disgracieuse, la tenue technique ! On fait des miracles de nos jours pour rendre cela moins vilain, mais quand même…

Le garçon à l'accueil, lui, préservait son élégance. Même, il s'en souciait comme si elle était son dernier refuge contre l'endormissement au cœur de l'attente. À mon arrivée, après avoir dîné debout dans le vieux Tours, je l'avais surpris en train d'étaler du cirage avec application. Une fois la pâte répartie sur ses souliers, il frotta proprement la pointe pour la glacer, en tenant la chamoisine entre son index et son majeur. J'attendis derrière la porte vitrée, n'ayant pas pris soin de noter le code pour accéder au hall après vingt-trois heures. Lorsqu'il me vit, il se releva avec une fierté gênée et s'empressa de m'ouvrir.

– La nuit, c'est plus calme, se justifia-t-il, pour ces choses-là il y a toujours trop d'exigences dans la journée.

J'acquiesçai. Il me fit remplir les formalités d'usage, et ajouta en replaçant sa touffe de cheveux en bataille :

– En fait… venez. Je vais vous donner une meilleure chambre. L'hôtel est presque complet, mais il ne devrait plus y avoir de réservation maintenant.

Il m'engagea à prendre le couloir en se relevant, bien ample, au-dessus de ses chaussures lustrées. Il avait l'air sympathique, on aurait dit un de ces personnages de bande dessinée dont on aime s'entourer à l'adolescence, et je me fis la remarque qu'il avait tout pour être un ami – dans d'autres circonstances, peut-être, par exemple pour partager deux trois godets en haut de la rue Saint-Jacques. C'était son allure débonnaire qui m'amusait, elle transpirait l'humour contenu.

Il m'avait accordé pour le vélo un local mitoyen à ma chambre, et, après avoir regardé ses chaussures noires, refermé son veston de soie, tiré sur sa manche, il suivit tout amusé ma foulée en chaussettes dans les courbes du corridor. J'avais à la main mes chaussures à cales et il gardait une distance de quelques mètres afin de me laisser de l'espace pour manœuvrer avec mon vélo. La scène était fantasque puisque j'avais passé mon épaule à travers les tubes du cadre et que je le portais ainsi devant le coquet. C'était un vieil établissement familial, silencieux, aux épaisses moquettes rouges avec des motifs floraux, et mes chaussettes de sport détonnaient dans cette ambiance. Pour pouvoir porter ma bicyclette, j'avais sorti mes bidons de leurs arceaux et je les avais posés dans le casque, que je tenais comme un seau par son anse.

– Vous voyez, dis-je au réceptionniste, qui devait avoir mon âge, je suis chargé mais je vais m'en arranger jusqu'à la chambre.

Il répondit avec une voix mal calibrée :

– Faites attention, voilà les marches.

Après avoir tournicoté plusieurs fois dans l'escalier à vis, nous arrivâmes devant ma chambre et il m'indiqua le fameux local où garer ma monture, avec un air très solennel que le miracle de l'uniforme et sa platitude vocale de Tourangeau amplifiaient.

– Votre machine sera tranquille ici, dit-il en me tendant le trousseau.

C'est alors que, voulant reposer mon vélo au sol, je fis tomber l'un des bidons, plein d'eau et de sirop d'agave. Je vis ma gourde sortir du casque, inexorablement attirée vers la moquette, et déjà son explosion dépassait le bruit de fond de mes roues tournant dans le vide.

Je baissai les yeux pour évaluer la gravité de la situation : un litre avait été projeté en forme d'ellipse par l'éclatement du bidon en plastique jusqu'aux plinthes de l'étroit couloir. Le garçon avait les souliers trempés dans son rectangle de moquette.

Je ne savais plus où me cacher.

Il regarda quelques instants ses chaussures pleines d'eau et de sirop désormais, puis prononça mollement en les quittant des yeux :

– Donc je vais me mettre aussi en chaussettes, on dirait…

J'hésitais entre rire et me confondre en excuses. Quelle scène ! Il avait de l'esprit, en tout cas…

– Dois-je prévoir un petit déjeuner ou un réveil pour monsieur ? m'interrogea-t-il pour presser les choses.

– Je partirai tôt. Merci pour la chambre…

– Je vous souhaite un agréable repos. Bonne nuit, monsieur.

Il reprit le couloir en sens inverse et je pouvais entendre ses chaussures couiner entre deux « floc floc ». La chute avait été précise : droit aux pieds… Je voulus lancer un « Excusez-moi ! », mais cela aurait ajouté du vacarme.

Il n'y avait rien de plus à dire.

*

J'étais allé de Proust à Balzac, à rebours des époques, remontant un immense courant littéraire à travers la France : ce cheminement possède à bien des égards une justification. Proust a joué avec *La Comédie humaine* : le duc de Guermantes, par exemple, se réfugie dans sa bibliothèque pour lire Balzac plutôt que d'assister aux mondanités de son épouse. À Tours, devant la maison de Balzac, et m'éloignant de Combray comme de Guermantes, je vis dans sa fascination pour la grande noblesse le portail d'un monde à l'autre.

Honoré de Balzac est né en Touraine dans une famille de petite noblesse alors qu'il rêvait d'appartenir à la grande. Pour compenser, il a abattu des nuits et des nuits de travail comme en connaissent bien des écrivains, mais que très peu parviennent à élever vers une telle qualité. Il n'était pas par exemple ce Stendhal qui rêvait de travail plutôt qu'il ne travaillait, il ne souhaitait pas non plus donner cette impression de légèreté à l'écriture ; Balzac était un taureau, il avait une puissance de labour capitalisable comme Vautrin, qui s'endette d'une telle vie. C'est cela peut-être qu'il faut voir derrière l'homme : un lourd travailleur en robe de chambre de mauvais goût, qui, comme dans un tableau de Rosa Bonheur, laboure la terre des hommes de sa seule énergie, attendant son salut en échange d'une œuvre prométhéenne.

Pourtant, Balzac a longtemps traîné la faiblesse d'un abandon maternel. Derrière sa générosité, on peut même dire son excès, jusque dans ses détails d'écriture, il y a un vide : celui d'une affection qui a manqué à l'enfant, celui d'une attention au monde que l'on sent incomprise à son heure ; en somme : celui d'un génie que le talent ne peut assouvir pleinement tant il est vaste. Il lui aurait peut-être fallu plusieurs corps pour créer tous les projets de son imaginaire, tout comme il a eu besoin de plusieurs maisons, de beaucoup de dettes et d'amantes éloignées, pour écrire le monde.

Je quittai Tours avec le petit déjeuner dans ma sacoche de guidon, afin de traverser la Touraine vers Saché, où se trouve le château qui a inspiré *Le Lys dans la vallée*. Je comptais sur une chambre à Angoulême pour passer la nuit prochaine.

Très rapidement ce matin-là il se mit à bruiner tandis que je pénétrais dans les « landes de Charlemagne » (qui n'ont rien des Landes des jours qui suivirent, le long du littoral atlantique, mais bien tout d'un paysage tourangeau), puis la pluie devint une purée qui giclait sur les jambes comme sur les tissus. À cheval sur l'Indre et le Cher, la foudre éclata. Lorsqu'elle fut si drue que le paysage s'obscurcit, je ne parvins plus à me souvenir des mots que Félix employait pour ce même trajet entre Tours et Saché, que Balzac lui-même avait fait plusieurs fois à pied malgré sa condition physique. Impossible de penser tant la pluie agitait ma caboche casquée et rendait imprécise ma trajectoire. Les gouttes éclataient, toujours plus bas – d'abord sur mon casque ou mes épaules, puis sur la route et le talus –, puis elles remontaient en d'élégants filins propulsés par mon déplacement. Au loin il y avait des arbres fruitiers et des replis de terre vers Montbazon. Je me réfugiai, faute de mieux, dans un café-tabac-épicerie, à Villeperdue, le temps de laisser passer les orages de foudre qui tombaient chaque fois plus rapprochés de moi, car je m'inquiétais d'être le seul point mobile dressé vers le ciel, à travers les champs nus, ainsi exposé à leur morsure. Une telle atmosphère durant plusieurs heures de pédalage vous fait croire au surnaturel, tant il émane une force étrange de tous les lieux traversés.

Le château de Saché n'était pas la demeure de Balzac mais celle d'amis qui le recevaient, les Margonne. Je la visitai donc non pas comme une maison d'écrivain mais comme une retraite forcée dans un cadre idyllique.

Elle contient bien sûr des effets qui lui ont appartenu, comme sa cafetière d'argent qu'il remplissait puis vidait jusqu'à s'empoisonner, mais surtout elle loge aujourd'hui un musée. Les efforts sont bien sentis : par exemple, dans le grand salon, qui servait de salon de jeux, le papier peint entièrement restauré grâce à ce qu'il en restait sur un pan de mur est une belle pensée pour le visiteur, qui s'imprègne ainsi mieux de l'esprit des lieux. Saché, c'est cela : un magnifique vallon avec une belle maison, mais une maison d'écrivain qui n'en est pas une, car elle est seulement le berceau d'une œuvre parmi la fresque de *La Comédie humaine*.

Balzac sans aucun doute aimait cette verdure. Fidèle à son habitude de voir en chaque demeure un personnage, il aimait aussi imaginer le château maquillé de romantisme, perdu dans son pré solitaire. À la faveur de la visite, on comprend comment ses idées pouvaient être « étranglées » par les mains de la maison tandis que les Margonne, ses hôtes, sonnaient la cloche contre le mur en pierre jaune, et qu'il était contraint de s'adapter à leur rythme, lui qui était lancé dans l'écriture comme une grosse presse qui s'emballe ! Et il y a aussi ces charmes de la vie quotidienne en Touraine, depuis l'église où Félix lance des regards avides sur Henriette de Mortsauf jusqu'à ce café où je m'arrêtai et où un petit panneau annonçait la vente d'appâts vivants : des vers, des morceaux de poissons, et plein d'autres animaux grouillants. Je demandai un Coca que je tins à ouvrir moi-même « pour ne pas déranger », dis-je. Ma précaution était ridicule, car quelques instants après je recevais des bonbons de la main de la patronne, qui ajouta :

– Avec cette pluie, jeune homme… C'est cadeau.

Nous bavardâmes un bon quart d'heure tandis que je séchais, et je m'étonnai en sortant de la rapidité avec laquelle le voyageur peut passer de l'affliction à l'amour des lieux.

Je l'ai visité, Saché, sous la foudre, rendant hommage à Balzac que j'admirais, et dont la famille aimait la percussion au point de l'avoir ajoutée à son nom « Balssa ».

*

Il y eut après cela une série continue d'épisodes me plongeant dans une jovialité de voyageur pour qui tout est nouveauté et intérêt. J'avais distraitement appris à voyager et à m'habituer à la solitude, moi qui suis pourtant d'un naturel bavard. J'étais désormais familier de cet état de grande fraternité avec la route. Je fis des repas copieux et bon marché, et assistai en ce pont de l'Assomption à des festivités de toute part.

À Angoulême, par exemple, alors que j'étais soulagé de retrouver le soleil après mes semaines dans le Nord à compter les pluies, j'éprouvai à nouveau cet élan ressenti dans le métro parisien, tandis qu'un chanteur à la sauvette reprenait les chants de l'armée Rouge. J'étais entré dans l'hôtel de ville, où avait lieu un concert, et la vieille cour était comble. J'étais repu, j'allais bientôt retrouver ma chérie à Bordeaux, les vagues à Biarritz, il me restait à rouler pour la joie. En retournant chez l'habitant qui m'hébergeait, j'eus cette même envie de danser en tapant du pied et de serrer la main à tout le monde, sans raison. Elle m'avait pris et je me serais irrésistiblement mis à parler une langue inconnue pleine de répétitions et de rebonds si je n'avais pas eu peur d'offenser une langue, si je n'avais pas eu peur d'être ivre sans avoir bu. Peut-être est-elle là, l'ivresse de voyager : c'est que l'on a l'impression de défaire le temps...

Le lendemain, mon hôte m'avait préparé un en-cas pour la route et laissé un mot, où il me conseillait d'aller çà et là voir d'autres écrivains. Il avait joué la veille au violon un de ces morceaux, « une dernière répétition », m'avait-il dit en préparant l'instrument, il avait joué, disais-je, l'un de ces morceaux qui vous partagent entre les larmes de tout ce qui se présente à vous et la fascination d'un tel talent. Puis il avait rangé le violon dans sa coque noire et j'étais allé me coucher. Encore un virtuose qui vivait heureusement et se régalait d'art quelque part en France...

Le souvenir de cet air agita mes mollets toute la matinée jusqu'à ce que, fidèle à mon habitude, je l'égare.

*

J'avais assez roulé lorsque j'arrivai à Bordeaux, aux alentours de midi, abattu dans les derniers kilomètres par une douleur que je commençais à nouveau à sentir sous l'un de mes genoux – il devenait une boule d'aiguilles.

La route d'Angoulême à Bordeaux est une exaltation des sens pour qui sait la prévoir finement. Si l'on n'y prend garde, on se retrouve en bordure de nationale, mais avec du flair c'est une tout autre affaire, car il y a de fameux sentiers de graviers que ma bicyclette me permet d'emprunter, à condition de modérer l'allure, et des tournesols à perte de vue qui s'intéressent au soleil. Cette portion de France que je découvrais est vaste et diverse à s'en émerveiller, scindée par des forêts et des eaux jusqu'aux cieux, pleine de regards accueillants. J'y croisai des ânes à poil ras, qui sont parmi mes amis préférés depuis que j'ai appris à les approcher sur la route.

De Bordeaux (« BORDEAUX », disait-il), Cendrars évoquait « sa platitude, son ennui ». Si attaché que je puisse l'être à *Bourlinguer*, son roman de voyage qui n'en est pas un, je ne peux partager cet avis maintenant que j'ai vu Bordeaux sous le soleil. Pour la plaine, il y a peu à redire. Elle marque, c'est certain, jusqu'aux locaux.

Je dormais ce soir-là chez un hôte charmant, Ludwig, qui faisait autant de vélo qu'il aimait être de bon conseil, et il me décryptait la ville avec son œil policier. Il éclata de rire, un rire loquace, presque désolé mais moqueur, quand je lui racontai mon aventure à travers la France.

– Il ne faut pas croire que je fais un tour littéraire, lui dis-je, en fait, je visite les boulangeries. C'est un ami qui m'a appris ça : j'essaie de tout goûter. J'ai le temps… Et puis aussi, les gens ! Ce qu'on en rencontre, des gens amusants, pleins d'initiatives… Des animaux pour lesquels on se passionne, des lubies qui occupent… En ce moment, tu vois, j'ai même une joie pour les escaliers, surtout ceux bien pentus et à vis, sans palier, tu sais ! Ça c'est mon truc – oui, c'est mon affaire ce jour-ci les escaliers à vis. Aujourd'hui, regarde : Pey-Berland…

Je mimai la scène des marches de l'escalier :

– Tac, tac, tac, respire, tac, tac, tac… L'enfer. Mais quand t'arrives en haut et que tu vois la Garonne qui arrache tout dans son limon, le ciel bien bleu, tu vois Cendrars qui remonte le fleuve en tirant la gueule devant les quais déserts… Enfin, elles ne sont pas des moindres, les marches, je sentais plus mes genoux à l'arrivée ! Et avant ça, eh bien, il y a eu Saché, l'hôtel de Tours, la cathédrale de Chartres… Je compense la plaine par des escaliers en fin de journée. C'est radical ! Crois-moi !

Un peu plus tard, nous parlions de bonnes adresses, comme le Cambridge aux Chartrons : une terrasse d'angle sur une place étendue autour d'un kiosque qui constitue les halles. Ludwig eut alors une drôle d'expression. Il me regarda, puis, dans un aparté qu'il fit en rebondissant sur ma folie des escaliers des derniers jours, il dit :

– À moins que la mère de ma fille ne revienne, je ne me souviendrai plus que du marché des Chartrons, dont tu parles, comme cette page que tu m'évoques de Cendrars. Un coin plein de silhouettes et de lampadaires, avec des peurs au loin, un coin de plat. C'est désert, oui, j'y allais pour le dîner avant… Ce n'est plus la même chose, à moins que… Enfin, je m'en souviens bien, et j'aimais m'y rendre.

Ludwig me fascinait. Il marquait le *s* de « moins » en le prononçant jusqu'à ce qu'il s'éteigne. Il le répéta plusieurs fois. C'était un *s* de tristesse, qu'on laisse seul en sortie de ponton comme une corde dans le courant de la Garonne.

Les gens des plaines parfois marquent les mots pour qu'ils se fassent emporter au vent, comme si nous pouvions entendre toutes les conversations en passant dans les rues aux alentours du Jardin Public. Et Ludwig, pendant ce temps, errait seul dans sa nuit au milieu des pineraies avec ses blessures d'hier.

J'allai dans les jours qui suivirent manger aux Chartrons en bonne compagnie et je pensai à lui, qui devait déjà avoir quitté son BORDEAUX, plein de ses missions (il était, m'avait-il expliqué, fréquemment en interventions spéciales). Il s'était donc installé à Arcachon, où il passait sa convalescence avec sa fille, qu'il avait à ses côtés un bout de temps.

Ludwig m'avait dit au moment de partir :

« C'est bien, ce que tu fais. Il faudra que tu entérines ça, que tu fasses ta cuisine, mais tu auras appris à être seul et à voyager même au bout du jardin. Y a pas meilleur moyen d'être au monde, crois-moi... Ça doit être quelque chose d'écrire un bouquin. Je me suis toujours imaginé ça comme faire un enfant : l'aider quelque temps à grandir, puis le jeter dans une rivière et voir s'il va traverser vers l'autre rive.

J'espérais que sa fille puisse nager, car c'était une conception militaire de l'éducation.

– Tu as déjà écrit ? lui avais-je simplement demandé.

– Bien sûr, comme plein de gens. C'est bien lourd, *écrire*, mais j'ai un peu baragouiné tout ça. Quand elle est partie, j'ai eu un vide, beaucoup de temps, et puis y a eu ma blessure à la jambe à cause de la mission dont je t'ai parlé. Je ne suis pas du genre à rester assis sans rien taper. Alors j'ai tapé le clavier – ça change des interpellations mais les risques peuvent être les mêmes. Elle était partie sans que je ne mesure la gravité du départ : c'était déjà trop tard, je pensais qu'elle reviendrait. Donc, comme elle écoutait plus, je me suis d'abord dit qu'un livre, peut-être...

– Et il a traversé la rivière ?

– Un moment, oui, elle s'est prise au jeu et elle relisait ou corrigeait comme si j'allais le faire lire ailleurs. Puis elle a montré des refus insolubles à nouveau. C'était plein d'un désir ardent, elle me le disait, mais ce n'était pas la *vraie vie*, tu comprends...

– Le désir, c'était le bon ?

– Oui. Et tu sais, le pire : elle savait tout et rien. Quand j'y pense, aujourd'hui encore je sais qu'elle revoit la plage où nos foulées projetaient le sable quand nous courions et nos rires et les rafales de vent dans mon maillot sur la dune. Elle le portera toujours en elle ce silence-là, j'en suis presque certain. Elle avait le regard d'une évidence dont on est convaincu. Mais elle n'a jamais dépassé sa peur et on n'a finalement pas pu partager ensemble.

– Quand même, la petite !

– Ah ça, la petite... Elle est d'une intelligence ! C'est presque un fardeau pour elle à l'école. Et moi, j'arrive à rien lui cacher. Ce n'est pas l'âge pourtant... »

Ludwig s'était levé et avait débarrassé l'entrée – il avait préparé un délicieux repas.

Il m'avait prêté un vélo de ville pour visiter Bordeaux. Je n'avais jamais utilisé une bicyclette avec un siège bébé, c'était tout drôle l'allure que ça me donnait, même les regards des jeunes femmes sur moi dans la rue changeaient. En à peine deux jours aux côtés de Ludwig, je m'étais attaché à sa bonhomie lorsqu'il disait « la mère de ma fille », au calme qui le prenait d'un coup quand il repensait dans la pièce vide de l'« échoppe » à leurs conversations d'hier : je le voyais sortir de son désarroi pour retrouver un sourire presque mondain. Ça me faisait mal pour lui. Mais il allait mieux désormais... Parfois en revanche, il récupérait une phrase comme au passage : « Enfin, ça aussi je l'ai appris », m'avait-il dit en préparant le poisson. Lorsque nous nous étions quittés, Ludwig m'avait confié qu'il se faisait enfin à la solitude. Il lisait, sortait, allait n'importe où juste pour partir. Ce qui lui plaisait le plus, c'était de ne plus avoir d'amarres une semaine sur deux, de pouvoir quitter le quotidien et devenir celui qu'il voulait. Il s'y attelait chaque fois, comme à un voyage, en sortant tout ce qui la lui rappelait. À moins que…

XI

Carnet de bourlingue

Paris.
Septembre 2017.

« Le vélo c'est la liberté. » J'ai entendu cette phrase des dizaines de fois de la bouche de cyclistes, de *commuters*, d'amateurs et même de livreurs. Il y a les écologistes aussi, les militants du « zéro voiture ». Quelle que soit la cause, il semble que la bicyclette incarne plus fidèlement que toute autre machine du quotidien la fierté qui illumine le visage de cet enfant que je croise à Fontainebleau le samedi.

Je me rends parfois là-bas pour m'échapper de Paris, et c'était la deuxième fois que je voyais cette scène, quasi symétrique : le sourire d'un enfant qui pédale sur son vélo – rouge, bleu ou vert, car les enfants n'aiment pas beaucoup le noir. Voilà, l'apparition est simple. Juste ce regard envolé dans l'allée entre les bassins. Les parents traînent les pieds quelques mètres derrière en discutant, mais lui, il quitte ce monde. Cet enfant s'enivre d'une capacité qu'il se découvre, éclate de rire quand le vent effleure la peau rougie de ses joues. C'est étrange pour lui de pédaler, il doit s'adapter, ça n'est pas intuitif. À un moment il échoue, parce qu'il essaie de pédaler en arrière mais ça ne recule pas. Mais l'enfant s'habitue, fait des allers et retours, bascule sur son pied, et recommence après s'être assuré que ses parents suivaient non loin.

J'ai repris ma route tandis qu'il maintenait son sourire étincelant. Rien n'est aussi doux qu'une telle joie. Il parcourt une distance qui lui semblera plus tard des kilomètres – peut-être même qu'il s'imaginera l'allée de gravier comme une piste d'atterrissage. Il dira à ses enfants : « Je me souviens quand mes pieds ont quitté le sol… Et de la sensation de rebond dans l'imperfection de la piste avant l'envol… » Dans son cœur, les cadres du bassin étaient alors la limite du décollage, et les vents sur ses joues et ses bras il s'en souviendra comme de ces porteurs sous les ailes de l'avion, support d'une sensation qu'il apprendra à son tour aux siens… Il aura volé pour la première fois dans les jardins du château, comme un baptême au-delà de l'enceinte du manège. Quelques images m'apparaissent : le premier tricot de ses jambes sur les pédales, son regard qui se redresse et le guidon qui vacille, et puis, légère, la première ligne droite sans le poids de son corps.

En poursuivant ma sortie ce samedi-là sur mon nouveau vélo à pignon fixe, que je venais de finir d'assembler avec un soin religieux, je me suis vu à l'arrivée d'un parcours de mille kilomètres sur le dos des Alpes. Durant quelques jours, j'avais assisté des cyclistes et des amis, aidé les uns ou les autres, les chevronnés comme les expérimentés, à surpasser leurs craintes et à s'avouer heureux de ces sourires mérités. Ce qui m'avait étonné, à la longue, c'était que pour aucun d'entre eux les kilomètres n'avaient laissé les mêmes marques. Certains les avaient vécus comme une démarche digestive ou une promenade de santé, d'autres s'étaient échoués après avoir été ballottés dans leurs plus belles difficultés. Tous, néanmoins, souriaient comme cet enfant de Fontainebleau.

Le vélo incarnait pour eux cette liberté de rouler en lycra pendant des jours, à lutter contre le sommeil, la faim, la soif et l'usure, tandis qu'ailleurs d'autres cyclistes allaient en sandalettes de ville à un rendez-vous, boire des coups, se déplaçaient, roulant sans but, ou pour rencontrer et apprendre. C'est tout ça, « faire du vélo ».

Ils m'ont tous dit la même phrase ce jour-là, à l'arrivée de cette épreuve qui s'appelle le Born to Ride : « Quelle liberté on a, à bicyclette… » Après quoi, malgré des visages si différents, la conversion s'est attachée parfois à qualifier le dosage : « En voiture on va trop vite pour voyager, c'est trop sur l'autoroute et pas assez dans les villes. Sur les rails on ne choisit rien. Il y a bien l'avion, mais tout paraît si petit, si peu humain… Le vélo, vraiment, c'est la bonne vitesse pour être libre. »

*

Loin de la recherche de la performance à tout prix, j'ai voulu faire cela : être heureux quelques semaines avec la candeur de cet enfant, les rêves d'un littéraire et d'un vagabond qui grandit. J'ai sans regret dépensé ce que je gagnais pour débusquer des leçons dispersées sur les bas-côtés de la route. Comme cet enfant, j'ai appris à conduire l'équipage que je formais avec la machine (et de temps à autre celui que formaient les amitiés naissant dans son sillage) afin de me rendre vers ce qui pour moi représentait le plus grand rêve. Ce rêve de littérature, je l'ai alimenté simplement en roulant sur l'écho de mes lectures. Autour d'une route j'entendais ces univers, celui de Modestine hennissant dans les Cévennes tandis qu'elle accompagne son maître écossais, celui de la famille Maheu que le travail enterre à la mine, celui d'une nuit étoilée dans la carlingue de Saint-Exupéry. J'avais une certitude : lire me transportait dans différents mondes, avec la fascination et le recul d'un étranger confronté à une nouvelle culture, tandis que rouler à bicyclette me donnait une irrésistible envie de raconter à mon tour une histoire bien différente de celles de cape et d'épée, une aventure bien moins réglée que celle des cyclistes professionnels : l'apprentissage de la vie que les lettres permettent.

La littérature, justement, me happait particulièrement depuis plusieurs années. Elle était une faille aussi, brèche en moi-même dont je n'arrivais jamais à ressortir mais où je descendais volontiers. Elle était une mine de laquelle je remontais maculé de grisou, plein de lourdes pierres, sans jamais savoir lesquelles retravailler.

C'est ce projet qui, étant vécu comme un apprentissage du monde, dans ces voies où malgré moi je me suis retrouvé le benjamin de courses aux performances déjantées, m'a permis de découvrir des indices sur une vie à mener et laissés çà et là par la littérature et par mes compagnons de route, comme un va-et-vient entre jours et nuits, où à son tour chaque étoile d'un passé apparaît dans le ciel.

Il s'y est révélé à moi que le cycliste au long cours est un être rare, ainsi qu'une espèce étonnante qui semble tout connaître, sans jamais l'admettre – je pense à plusieurs amis pour qui le pays est une grande carte aux souvenirs dénivelés. Le cycliste est quand même loufoque... Ce même individu qui porte un collant et exhibe ses muscles saillants porte malgré tout un casque. Humblement, il traverse les cols, franchit les rivières et sent son cœur battre contre ses gencives. Mais il sait aussi apprécier les routes droites comme une flèche à travers un pays endormi, les sentiers qui lui rappellent ses faiblesses, et le silence qui lui manque tant.

Il s'y est révélé à moi que l'électrisante épopée de la liberté permet aussi de refuser la fuite d'un monde en cherchant un havre permanent. J'y ai dégusté l'explosion d'un désir ardent, d'un amour vrai et sincère pour les cœurs emplis des méandres de la route, et pour cette littérature qui me motive.

Il s'y est révélé à moi des hommes taiseux, courtois et inspirants : un panel d'aventuriers plus ou moins temporaires confrontés à des lectures sans limites. J'y ai fustigé la rareté des femmes, qui peuplent comme des forêts de chevelures mes couloirs de classes préparatoires mais qui se font presque absentes à bicyclette. Autour de moi, à mes côtés, ils ont bâti des aventures, des œuvres, ils ont administré les troupes et construit des machines huilées. Leurs regards étaient singuliers, parfois faits de mystérieux contacts avec une énergie qui s'élimait à mesure que la volonté s'égarait. Mais c'est dans ces mêmes regards que j'ai lu une joie de vivre inaltérable et une discipline consentie qui m'ont révélé au plus fort de la nuit le sens de l'entraide, de l'amitié, et de l'intensité des défis imposés à soi. Chacun, dans ces gigantesques colonnes de cyclistes formant des pelotons épars, cherchait son propre passage au milieu de la compagnie.

Quant à moi, j'étais là un peu par hasard, par le biais de lectures, par le biais d'un carnet sur lequel je gribouillais et d'amitiés qui m'emportaient comme un tourbillon. Du moins, je le pensais. Sans le savoir, ce hasard était devenu un sémaphore, seul phare luisant au loin dans mon paysage, à travers les vents de l'imprévu. Au fil des étapes, je me suis greffé à d'étranges personnages qui n'arrivent pas à mener leur barque autrement que selon un cap qui leur semble imposé par un narrateur. Je n'ai fait qu'être happé dans une seule et même direction, à travers une seule et même volonté inconsciente, comme on tombe amoureux, et c'était la direction instinctive de l'écriture. Je n'avais jamais eu d'autre choix que d'écrire, mais je savais enfin pourquoi le faire, ne serait-ce que momentanément.

Mon format de voyage était celui de la légèreté. Du paquetage à l'humeur, c'était le parcours contemplatif d'un pèlerin sans angoisse à travers la littérature. Je voulais, observateur avant tout, rendre hommage à ces auteurs qui me fascinent en pédalant sur leurs lieux de vie – jusqu'à leur sépulture – et dans leurs récits. Parfois, j'ai échoué et j'en ai ri, ou bien j'ai recommencé. Parfois, il n'y avait rien, ni en moi ni sur terre, pour m'indiquer qu'ils avaient vécu ou composé là, et c'était décevant aux larmes. Mais je ne regrette rien, car je me suis efforcé de me rapprocher d'eux des heures durant, sur les tables des bibliothèques comme sur le billard de la route. Sur leurs traces, j'ai découvert que notre équilibre vient, comme à bicyclette, du mouvement et surtout du contraste : dormant dans des lits luxueux comme à même le sol d'un cimetière, déjeunant jusqu'à combler toute gourmandise et rêvant d'un verre d'eau, me baignant dans les airs solaires de la Méditerranée et dans les vents sifflants des Flandres... Dans ce condensé d'une vie je suis allé à la rencontre d'adultes, d'enfants très âgés, des femmes et des hommes qui partageaient tous une passion avec sagesse. Celle de la littérature, celle de la bicyclette, celle de l'exploration, celle de la rencontre impromptue que l'on accepte. Plus encore, celle de l'immobilité tranquille, comme un cours d'eau, mais inévitable dénominateur commun à l'humain.

Dans ma fascination, j'ai plongé en effet corps et âme dans les topologies de ces patrimoines, jusqu'à en venir à une ultime conclusion : je m'étais reconnu dans des lectures qui me brûlent les mains encore aujourd'hui. Je m'étais découvert dans ces rondes avec eux, ces grands auteurs, dont j'étais comme un maniaque hardi. On m'avait permis d'agir sur les traces d'Hugo et de Yourcenar, de Stevenson et Céline, de Balzac et Valéry, ainsi que de tant d'autres, non pas comme critique, mais comme passionné. Et peut-être m'ont-ils plus que tout transmis leur énergie de vivre, leurs doutes – leur humanité indélébile. Car sur leurs traces, par leurs livres et ce qu'ils ont fait naître en moi, ils m'ont lié tout autant qu'ils m'ont délivré. Je me suis pris au jeu de ma propre exploration. Triant, digérant, et confrontant une bibliothèque de lectures de tous horizons, jusqu'à pousser un cri d'allégresse : j'étais ce marin qui voit la terre et se lève brusquement, étonné de se regarder soi-même à travers l'aube.

À « bicyclettres », au temps des cathédrales ou dans l'hospitalité des forêts, s'est fait jour une certitude :

celle de l'écriture. Restait à faire un « coup d'État » sur moi-même, afin de prendre un pouvoir qui ne m'appartenait pas encore, et de me sortir des impasses d'une vie que je découvrais seulement.

Mais comment écrire quand, précisément, on ne connaît pas sa voix, tout en sachant qu'elle est là, enfouie, chaque jour, à travers des lectures, épanchée dans la foule des paysages, et résiduelle de tout un monde qui la fait coïncider ?

Peut-être qu'une vie ne peut suffire à cette réponse – espérons-le du moins. À travers l'errance ourlée de fatigue et le plaisir nocturne, la rencontre et l'apprentissage permanents, j'ai cheminé sur une voie sans fin. Dans des régions dont tout est ignoré du citadin, derrière des pionniers dont il se sent indigne. Il suffisait de céder à l'envie de partir, d'emporter hors les murs quelques livres. Avec très peu de choses, j'ai compris qu'on ne pouvait écrire qu'au-dehors, qu'on ne pouvait mieux lire que jour après nuit. En rêvant de grands auteurs et de phrases ciselées, en m'époumonant à clamer des textes puissants aux paysages grouillants de forces inconnues, j'ai rencontré un dessein entre deux eaux qui naissait grâce à ces périples. Observant, à mon insu d'abord, que je ne souhaitais pas être l'otage d'un hommage littéraire mais que celui-ci, s'il m'était apparu comme vital, entraînait ma plume autant que mes jambes, et me poussait à m'en libérer, j'ai voulu m'évader d'une ère où tout se mesure à coups de critères factices, où le bonheur se pasteurise et nous échappe sur la pointe des pieds. Simplement, en renouant avec un monde plus concret et sublime au-dehors, à la seule force des mollets et des mots, j'ai compris Jean-Yves Tadié, qui disait que « l'aventure est l'irruption du hasard, ou du destin, dans la vie quotidienne ». Et j'aime à croire que ces pages sont le fruit de hasards heureux : il y a tant à faire sur les routes littéraires.

Que pouvait-il bien sortir de cette ouverture aux hasards, par laquelle je me suis engouffré, plein de candeur avide et de désirs, en jouant sur mes braquets ?

Sans réponse à mes questions inlassables, j'ai poursuivi mes lectures et j'ai continué mon chemin le long des bois, dans les marécages, à flanc de coteaux, et au bord de l'océan, jusqu'à m'arrêter, isolé, quelque part où il y avait de la lumière. Mes yeux s'étaient ouverts. J'avais résorbé l'éloignement entre les siècles et les territoires, les écritures et mes lectures, ne serait-ce que pour un court instant.

De tous ces anciens, de tous ces hommages, avait surgi une inspiration. D'abord, j'avais souhaité écrire çà et là des bribes de route. Puis, dès lors que les voyages m'avaient familiarisé avec leurs charmes, ils m'ont conduit à l'écriture, avec laquelle je me confrontais depuis l'enfance.

*

Vivre, c'est peut-être cela : déambuler dans les couloirs d'une bibliothèque. Il y a les pages de joies, les pages amères, les explorations à s'y perdre, et puis les moments d'attente. Il faut savoir être patient lorsque l'on s'embourbe au détour des lignes, saisir son effort lorsqu'il peut advenir. Vivre, c'est peut-être cela : rien qu'un moment, rien qu'un passage, rien qu'un temps que l'on accorde à ceux que l'on aime et que l'on apprend à connaître.

Il y a des lectures qui choquent. D'autres qui nous donnent l'impression de se réveiller en nous, de nous lire plutôt qu'on ne les lit. Il y a aussi les lectures urgentes, la veille d'un départ. À terme elles nous transforment et nous arrangent, comme tout ce qui survient dans une vie. Je me souviens de ma douleur à la mort de Fabien dans *Vol de nuit*. J'ai posé le livre en pensant à cette femme meurtrie, en pensant à l'avion qui s'égare. J'en ai conclu : « Il n'y a rien à faire. » Ce n'étaient que des corps désormais. J'aurais voulu croire à un « À moins que… », comme il est possible de le faire lorsque l'on ferme un livre. Mais dans la vie ?

J'avais compris ma propre impuissance face à la mort, et l'immense puissance qui est la nôtre tandis que nous vivons.

J'avais compris que Saint-Exupéry, en quelques lignes, avait tout dit de cette expérience.

J'ai pris un carnet, afin de tracer les mots suivants : « Pour écrire, il faut lire et relire. À vélo aussi, nous lisons… » Je les ai effacés. Je voulais commencer le voyage en remerciement à la route qui m'avait porté d'une joie à l'autre.

*

Ainsi commence l'épopée en remerciement aux sages d'hier et aux passions d'aujourd'hui : par un premier pas. « Hier soir, sur la tombe de Paul Valéry à Sète… »

L'écriture défile comme une journée de voyage dans laquelle on se rencontre parfois, tel un homme qui voit sa vie paraître entre les flammes d'un âtre familier.

Table

Que mes sincères remerciements
aillent aux personnes dont les écritures
et les lectures passionnées permirent les miennes.

RÉALISATION : IGS-CP À L'ISLE-D'ESPAGNAC
IMPRESSION : CORLET IMPRIMEUR S.A. À CONDÉ-SUR-NOIREAU
DÉPÔT LÉGAL : JANVIER 2018. N° 137913 (193735)
Imprimé en France